Antonia Cicero und Julia Kuderna
Clevere Antworten auf dumme Sprüche
Killerphrasen kunstvoll kontern

Ausführliche Informationen zum Bestseller Die Kunst der »Kampfrhetorik«,
zu weiteren Titeln aus dem Bereich der Kommunikation
sowie zu jedem unserer lieferbaren und geplanten Bücher
finden Sie im Internet unter **www.junfermann.de**
– mit ausführlichem Infotainment-Angebot
zum JUNFERMANN-Programm.

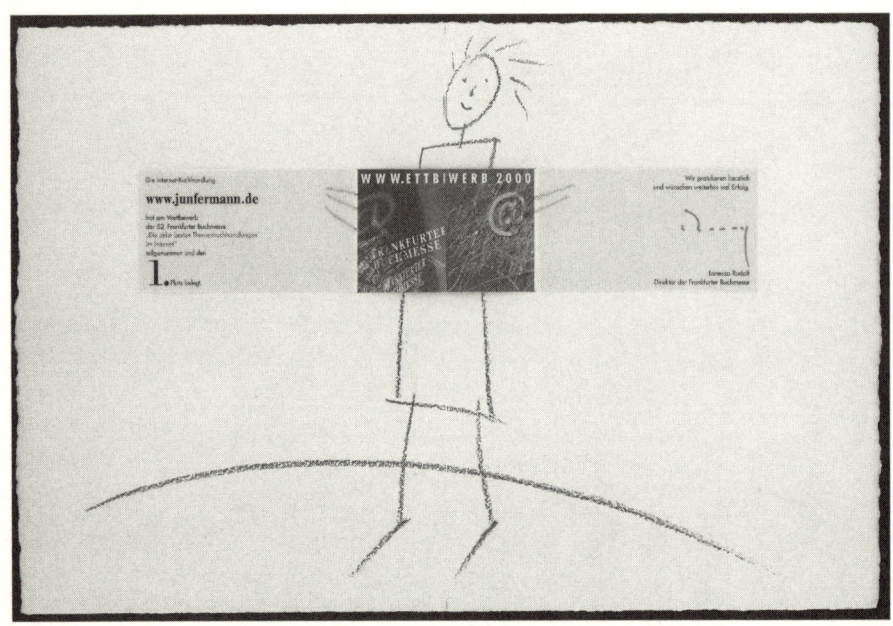

www.junfermann.de: 1. Platz im Wettbewerb
„Beste Themenbuchhandlung im Internet"

Antonia Cicero und Julia Kuderna

Clevere Antworten auf dumme Sprüche

Killerphrasen kunstvoll kontern
PowerTalking in Aktion

Junfermann Verlag · Paderborn
2001

© Junfermannsche Verlagsbuchhandlung, Paderborn 2001

Alle Rechte vorbehalten.
Das Werk einschließlich aller seiner Teile ist urheberrechtlich geschützt. Jede Verwendung außerhalb der engen Grenzen des Urheberrechtsgesetzes ist ohne Zustimmung des Verlages unzulässig und strafbar. Dies gilt insbesondere für Vervielfältigungen, Übersetzungen, Mikroverfilmungen und die Einspeicherung und Verarbeitung in elektronischen Systemen.

Satz: adrupa Paderborn

Die Deutsche Bibliothek – CIP-Einheitsaufnahme
Cicero, Antonia:
Clevere Antworten auf dumme Sprüche: Killerphrasen kunstvoll kontern. PowerTalking in Aktion / Antonia Cicero; Julia Kuderna. – Paderborn: Junfermann, 2001
   ISBN 3-87387-455-5

ISBN 3-87387-455-5

Inhalt

Vorwort 7

Gebrauchsanweisung 9

1. Grundlagen 11
1.1 Was sind eigentlich Killerphrasen? 11
1.2 Emotionen, Emotionen 14
1.3 Erfolgs-Konter – Reaktionen auf Angriffe 17
1.4 Antworten, die (fast) immer passen 27

2. Praxis 31
2.1 Angriffe auf Äußerlichkeiten: „Wie du heute wieder aussiehst!" 31
2.2 Angriffe auf persönliche Eigenschaften und Verhaltensweisen:
    „Gott, du bist ja so naiv!" 36
2.3 Angriffe auf Emotionen: „Warum wirst du eigentlich immer
    so aggressiv?" 44
2.4 Angriffe auf Ihre Kompetenz: „Denken ist nicht verboten!" 51
2.5 Angriffe auf Werte, Ethik und Moral: „Ja, Schatz, bewahr dir
    deine Illusionen!" 58
2.6 Der Kampf der Geschlechter: „Typisch Frau!" – „Typisch Mann!" ... 63
2.7 Angriffe auf die Zughörigkeit zu Gruppen: „Immer die Radfahrer!" .. 71
2.8 Die Gelegenheit beim Schopf gepackt: „Wo bleiben eigentlich
    deine Argumente?!" 76
2.9 Systemerhaltende Killerphrasen: „Das haben wir hier schon
    immer so gemacht." 84
2.10 Stereotype als Killerphrasen: „Das ist ja wieder mal typisch!" **90**

3. Strategische Überlegungen zum Abschluß 97
3.1 Erfolgskonter 100

Die Autorinnen 101

Vorwort

1999 erschien unser Buch „Die Kunst der Kampfrhetorik" im Junfermann Verlag. Obwohl wir immer von diesem Buch und seinen Inhalten überzeugt waren, hat uns das Interesse der Medien, vor allem aber der Leserinnen und Leser doch überrascht – und erfreut. (Jetzt geben wir uns gerade selbstbewußt, aber dennoch angemessen bescheiden.) Die hohen Verkaufszahlen – die zu einem gar nicht geringen Teil auf Mundpropaganda zurückzuführen sind – und die beständige Unterstützung durch den Verlag haben uns im Herbst 2000 die dritte Auflage beschert – und den Impuls zu einer Vertiefung und Fortsetzung geweckt. An dieser Stelle ist es notwendig, uns zum wiederholten Mal bei Gottfried Probst zu bedanken, der uns immer ausgezeichnet betreut und mit Rat und Tat zur Seite gestanden hat.

Gedankt sei auch Ingrid Havel, Helene Kuderna sowie Martin Füll und Christian Ofenbauer (die derzeitigen Männer unserer Leben) für ihre Unterstützung, ihre Geduld, ihre Kritik, ihren Ansporn, und die ein oder andere Tasse Kaffee zum richtigen Zeitpunkt (sowie das liebevolle, aber bestimmte Fernhalten diverser Kleinkinder).

Das vorliegende Buch beschäftigt sich mit einem zentralen Thema der Kampfrhetorik: Killerphrasen und anderen verbalen Angriffen und der Reaktionen darauf. Das umfangreiche Material, das diesem Buch zugrunde liegt, verdanken wir nicht zuletzt den vielen Teilnehmerinnen und Teilnehmern unserer Seminare.

Keine Angst, jetzt ist Schluß mit den Danksagungen, ab jetzt loben wir uns nur noch selbst. Zum Beispiel wäre an dieser Stelle der Hinweis auf unsere neue Homepage angesagt. Also: **www.kampfrhetorik.com** Wenn Sie Lust haben, unsere Sammlung zu vervollständigen, schicken Sie uns doch auch Ihre Lieblingskillerphrasen!

Obwohl wir in Sachen Kampfrhetorik und Killerphrasen „alte Hasen" sind, war es für uns spannend, im Zuge des Schreibens neue Aspekte an Themen, mit denen wir uns seit Jahren beschäftigen, zu entdecken. Abgesehen davon, daß es recht unterhaltsam war, in unserer Killerphrasen-Sammlung und den dazugehörigen Kontern zu stöbern. Wir hoffen, daß Sie dieses Amüsement beim Blättern in diesem Buch mit uns teilen werden.

Schon während der Konzepterstellung haben wir über einen Aspekt heftig diskutiert: Wollen wir wirklich ein Buch schreiben, das sich nur mit Reaktionen, also der Defensive, beschäftigt und den Aspekt der Offensive außer acht läßt?

Letztlich haben wir zu einer typisch österreichischen Lösung gegriffen: Zum einen erwarten die meisten TeilnehmerInnen unserer Seminare ein Rezept für erfolgreiche Reaktionen auf Untergriffe und Angriffe, das bietet das vorliegende Buch ausführlich. Zum anderen kann man aus den Inhalten auch wirksame Offensiv- und Angriffsstrategien entwickeln. Wählen Sie selbst, wie Sie das, was wir anbieten, einsetzen wollen.

Gebrauchsanweisung

(Bei etwaigen Nebenwirkungen wie einem gesteigerten Selbstbewußtsein übernehmen wir keine Haftung)

Killerphrasen. Lassen Sie sich dieses Wort auf der Zunge zergehen. Klingt doch richtig schön dramatisch ... Oder etwa nicht?

Weil Killerphrasen tatsächlich explosiv in ihrer Wirkung sein können, zählen Hinweise und Übungen zu diesem Thema in unseren Seminaren zu den Passagen, die die Teilnehmerinnen und Teilnehmer mit der größten Spannung verfolgen. Dies war nicht zuletzt der Anlaß für uns, „Clevere Antworten auf dumme Sprüche" zu verfassen. Und es ist uns ein Anliegen, daß Ihnen das vorliegende Buch neben der Kurzweil beim Lesen vor allem auch praktischen Nutzen bringen möge.

Das Buch gliedert sich in zwei unterschiedliche Teile. Die ersten einführenden Kapitel dienen dazu, Killerphrasen zu definieren, die zugrundeliegenden Muster von Angriff und Abwehr zu analysieren und Ihnen so erste Hinweise auf den Umgang mit diesen „dummen Sprüchen" zu bieten.

Im zweiten Teil des Buches finden Sie – nach Kategorien geordnet – eine Vielzahl praktischer Beispiele.

Jedes einzelne Kapitel besteht aus einem Text, der die betreffende Kategorie von Killerphrasen beschreibt und analysiert – denn es ist leichter zu kontern, wenn das dahinterliegende Schema durchschaubar ist. Wir haben für Sie darin jeweils auch Standardantworten, die für alle Killerphrasen des jeweiligen Typs anzuwenden sind, zusammengestellt. Danach folgt ein Musterbeispiel mit analysierten Antworten sowie andere Beispiele aus Seminaren. Abgerundet wird jedes Kapitel mit Übungssätzen – Sie können sich also gleich auch selbst ans Werk machen.

Es ist natürlich nicht Sinn der Sache, die „cleveren Antworten" auswendig zu lernen. Es geht vielmehr darum, sich über einige der Antworten zu erheitern, aber auch das Schema sowohl der Angriffe als auch der Konter zu durchschauen, damit Sie sich diesen rhetorischen Mitteln nicht mehr hilflos ausgesetzt fühlen.

Vielleicht finden Sie einen „Sparring-Partner" oder eine -Partnerin und versuchen, sich spielerisch gegenseitig mundtot zu machen. Bewaffnen Sie sich mit der entsprechenden Munition und steigen Sie in den Ring, probieren Sie verschiedene Reaktionsmuster aus. Wer das letzte Wort hat, gewinnt. Die Autorinnen selbst lieben dieses Spiel. Es wird nur von Mal zu Mal schwieriger, die Schwachstellen der anderen zu treffen bei diesem beeindruckenden Repertoire ... Die in diesem Buch enthaltenen Beispiele sollen durchaus auch zur Anregung dienen.

Mit der Übung kommt die notwendige Routine, die Ihnen Sicherheit gibt. In dieser Sicherheit fliegen Ihnen dann auch immer schwungvollere Antworten zu. Auch Sie können Ihre Schlagfertigkeit trainieren! Vielleicht entwickeln Sie sogar Lust daran, kühle Konter, elegante Ausweichmanöver und harte Gegenschläge zu entwickeln oder den Schritt zur Offensive zu wagen.

Nicht zuletzt noch ein Hinweis: Killerphrasen stellen nur einen kleinen Teil der Kampfrhetorik dar, dennoch sind beim Umgang damit strategische Überlegungen sinnvoll. Die wesentlichsten Überlegungen in dieser Hinsicht finden Sie knapp zusammengefaßt im Schlußkapitel „Strategische Überlegungen".

Wie immer haben Sie die Wahl: Sie können sich einzelne für Sie wesentliche Kapitel herauspicken, kreuz und quer lesen oder das Buch vom Anfang bis zum Ende systematisch durcharbeiten. Viel Spaß – und: Möge das letzte Wort mit Ihnen sein!

1. Grundlagen

1.1 Was sind eigentlich Killerphrasen?

Killerphrasen sind pauschale und abwertende Angriffe – oft unter der Gürtellinie. Sie sind nicht an der Sache orientiert, sondern zielen immer auf die emotionale Seite des Gegenübers. In der richtigen Situation an die richtige Person gebracht, können sie enorme Schlagkraft entwickeln, Gespräche oder Auseinandersetzungen beenden oder eskalieren lassen, Gesprächsthemen vom Tisch wischen und Gesprächspartner auf der Stelle mundtot machen.

Killerphrasen sind dann erfolgreich, wenn sie wunde Punkte treffen. *„Du wirkst so unbefriedigt, du brauchst wohl mal wieder einen Mann!"* wird Sie kaum treffen, wenn Sie gerade frisch verliebt sind. Das bedeutet auch, daß Killerphrasen persönlich gemünzte Instrumente der Kampfrhetorik sind – individuell sowohl auf Seiten des Anwenders als auch auf Seiten der Zielperson.

Ob eine Killerphrase Sie trifft oder weitab vom Ziel ins Leere geht, hängt also von Ihren Schwachstellen ab, von Ihrer aktuellen Befindlichkeit und vom Kontext, in dem sie ausgesprochen wird.

Manchmal klingen Killerphrasen unverblümt beleidigend, vorwurfsvoll (*„Das hätte ich mir von dir nicht erwartet!"*), sie machen Ihr Ziel lächerlich, oder werten es auf andere Weise ab (*„Tja, wenn das alles ist, was Sie vorzuweisen haben..."*).

Andere verkleiden sich als an der Oberfläche sachlich erscheinende Einwände (*„Ich kann wohl davon ausgehen, daß Ihnen klar ist, wieviel Mehraufwand Ihr Vorschlag bedeutet."*).

„Sind Sie sich da wirklich sicher?" kann je nach Zusammenhang eine ernstgemeinte Frage eines wohlwollenden Vorgesetzten sein, die zur Fortführung eines Gesprächs konstruktiv beiträgt, oder eine Killerphrase eines Konkurrenten, der Ihnen damit Kompetenz abspricht. Für die Unterscheidung können nonverbale Signale (Tonfall, Mimik etc.) und die Art der Beziehung zwischen den Gesprächspartnern herangezogen werden. Daher haben wir in allen angeführten Beispielen, wo uns das für das Verständnis wichtig erschien, Tonfall oder Situation ergänzt.

Wichtig ist, Killerphrasen von persönlichen Grenzziehungen (bis hier hin und nicht weiter) zu unterscheiden: *„Ich kann dir jetzt nicht mehr zuhören"* kann bedeuten: *„Meine Aufnahmekapazität ist erschöpft"* oder: *„Dein Gerede interessiert mich nicht."* Im ersten Fall handelt es sich um eine Information über die momentane Befindlichkeit des Gesprächspartners, die mit Ihnen nicht unbedingt zu tun hat, im zweiten Fall steckt eine deutliche Abwertung dahinter. Die Worte mögen in beiden Fällen gleich lauten, Betonung, Lautstärke und Körpersprache werden sich deutlich unterscheiden.

Auch Drohungen sind keine Killerphrasen, sondern etwas qualitativ anderes. Bei nicht wunschgerechtem Verhalten werden konkrete Sanktionen angekündigt: *„Wenn du nicht sofort damit aufhörst, mache ich dich fertig!"* Dementsprechend müssen die Reaktionen auf Drohungen auch teilweise anders sein als auf „simple" Killerphrasen, da etwaige Konsequenzen schwerwiegender sein können und schlicht über Kampfrhetorik hinausgehen.

Killerphrasen, worauf auch immer sie sich oberflächlich betrachtet beziehen mögen, haben einige wesentliche gemeinsame Aspekte:

1. Killerphrasen orientieren sich nicht wirklich am gerade aktuellen Gesprächsinhalt – schließlich sind sie dazu da, ein Thema zu wechseln oder zu beenden. Wenn Ihre Kollegin gerade ein neues Projekt vorstellt, hat das scheinbare Kompliment *„Ihre Präsentation vorhin war wirklich eindrucksvoll!"* an sie mit dem Inhalt des Projekts nichts zu tun, sondern das Ziel, sie vom Thema, der Konzeption des Projekts, abzubringen. Trifft die Phrase, so wird die Kollegin entweder verlegen abwehren, sich in eine Diskussion über Präsentationstechniken verwickeln lassen oder zurückschießen und damit eine Eskalation in Gang setzen.

2. Killerphrasen sollen den Gesprächspartner bzw. die Gesprächspartnerin verunsichern und damit zum Schweigen oder aber in Rage – und damit aus dem Kon-

zept – bringen. Wenn es mit Hilfe einer solchen Phrase gelingt, das emotionale Gleichgewicht des Gegenübers zu stören, ist das schon der halbe Sieg. Und das Gegenüber verfolgt ein unangenehmes Thema nicht weiter. Entweder weil er oder sie sich gänzlich zurückzieht, sich in Rechtfertigungen verstrickt oder mit einem Gegenangriff antwortet.

3. Killerphrasen bringen Sie in die Defensive. Sie fühlen sich gezwungen, zu reagieren und nicht mehr zu agieren. Dadurch können Sie ein Gespräch nicht länger auf Ihr Ziel hin steuern, sondern werden (ab)gelenkt – vom Angreifer und von den eigenen Emotionen.

Je länger Sie in der Defensive verharren, um so schwieriger wird es, wieder einen aktiven Part zu übernehmen. Daher ist die wichtigste Maßnahme, rasch wieder in eine offensive Position zu kommen. Das heißt nicht nur, auf Killerphrasen zu reagieren, sondern danach Ihr Thema weiterzuführen und Ihr Ziel im Auge zu behalten.

Auf Killerphrasen muß und kann reagiert werden: Sie kommen sonst verstärkt und immer wieder.

Killerphrasen

- Sollen vom Thema abbringen und/oder das Gegenüber mundtot machen
- Sind personen- und situationsabhängig
- Orientieren sich nicht an den Inhalten
- Zielen auf die Emotionen
- Drängen die angegriffene Person in die Defensive

1.2 Emotionen, Emotionen

Sich kühlen Blutes und in aller Ruhe clevere Antworten auf Unterstellungen und andere Angriffe zu überlegen ist verhältnismäßig einfach. Weit schwieriger ist es, auf Killerphrasen erfolgreich zu reagieren, wenn Sie emotional aufgewühlt sind. Nicht zuletzt sind die Emotionen, die Sie behindern und einschränken, oft wenig greifbar und nur schwer voneinander abzugrenzen.

Diese starken emotionalen Verwicklungen verengen Ihre Wahrnehmung. Sie sind nicht mehr fähig, zu erkennen, was Ihr Gegner wirklich sagt und beabsichtigt, sondern handeln zunehmend instinktiv. Sie reagieren, anstatt offensiv zu agieren, und dies zunehmend an der Situation vorbei.

Die Gefühle, die Sie in Konfrontationen behindern, hängen nicht nur von Ihnen selbst und Ihrem Gegenüber ab, sondern auch von dem Rahmen, in dem sie stattfinden. Die amüsanten Sprüche oder schlagfertigen Konter, mit denen Sie vielleicht in einem Gespräch unter Freunden gekonnt jonglieren, stehen Ihnen in einer Projektsitzung nur bedingt zur Verfügung. Andererseits mag es Ihnen leichtfallen, etwaigen Angriffen in einer beruflichen Auseinandersetzung ruhig und sachlich zu begegnen, während Sie in einem Beziehungskonflikt den Boden unter Ihren Füßen verlieren.

Genau darum erscheint es uns wichtig, an dieser Stelle einen der wichtigsten Grundsätze der Kommunikation anzusprechen: Kommunikation verläuft immer auf zwei Ebenen: auf der Sachebene und auf der emotionalen oder Beziehungsebene. Das Verhältnis zwischen Sach- und Beziehungsebene ist durchschnittlich 20 zu 80 – der emotionalen Ebene kommt also der weitaus größere Anteil zu.

In klassischen Rhetorik-Seminaren wird dieser Aspekt nicht selten vernachlässigt. Gerade beim Thema Kampfrhetorik im allgemeinen und Killerphrasen im speziellen ist es jedoch unumgänglich, sich mit Emotionen auseinanderzusetzen.

Wenn Sie mit Angriffen konfrontiert werden, gibt es emotionale Reaktionsmuster. Die häufigsten Gefühle, die durch Killerphrasen geweckt werden, sind:
- Betroffenheit
- Hilflosigkeit
- Verwirrung

- Schuldgefühle
- Unterlegenheitsgefühle
- Kränkung, Verletzung
- Empörung
- Ärger
- Zorn
- Aggressionen

Jede Person hat individuelle Grundmuster, also bevorzugte Reaktionen. Ihr eigenes Reaktionsschema zu kennen macht es Ihnen leichter, aus Ihren Mustern auszubrechen und Ihr Repertoire zu verbreitern. Es zahlt sich aus, sich eine halbe Stunde Zeit zu nehmen, um darüber nachzudenken, in welche Fallen Sie bevorzugt treten, welche wunden Punkte Sie vielleicht auch besonders schützen müssen.

Sich nicht im Strudel der Emotionen zu verstricken, sondern gekonnt und klug darauf zu reagieren, ist Ziel dieses Buches. Das Wissen um das Schema, das Killerphrasen zugrunde liegt, kann Ihnen den Abstand verschaffen, den Sie benötigen, um nicht in den Wogen unterzugehen.

Killerphrasen beziehen sich auf:

Ihre Person
- Ihr Äußeres
- Ihre Emotionen und Ihre psychische Stabilität
- Ihre Fähigkeiten und Kompetenzen
- Ihre Werte, Normen oder Anschauungen
- persönliche Eigenschaften
- etc.

Gruppen, denen Sie sich zugehörig fühlen
- Ihr Frau- oder Mann-Sein
- Ihre Familie, Ihre Partnerschaft, Ihren Freundeskreis
- Ihre nationale, regionale oder ethnische Zugehörigkeit
- Ihre Religion
- Ihren Beruf oder Ihre berufliche Reputation
- Ihre Zugehörigkeit zu Vereinen, Parteien, Verbänden etc.

Strukturen, in denen Sie sich bewegen
- Hierarchien, Funktionen, Positionen etc.

oder dienen dazu, Veränderungen (in Beziehungen, Strukturen, Systemen etc.) zu verhindern.

Wenn Sie den Drang verspüren, sich zu rechtfertigen oder zu verteidigen, ist dies ein eindeutiger Hinweis darauf, daß eine Attacke Sie getroffen hat. Beobachten Sie sich einmal selbst, ob Sie Inhalte nur präzisieren oder sich bereits in Rechtfertigungen oder Entschuldigungen wiederfinden. Ist dies der Fall, sind Sie in der Defensive und haben an Terrain verloren.

Wir alle haben bereits als Kinder gelernt, uns gegen angemessene oder unfaire Kritik oder Angriffe zur Wehr zu setzen, indem wir Ausflüchte, Erklärungen und Rechtfertigungen verwenden. Nachzuspüren, wie sich eine Reaktion der Rechtfertigung anfühlt, kann Ihnen wichtige Hinweise geben, in welcher Gesprächssituation Sie sich befinden – und Ihnen zugleich die nötige Klarheit verschaffen, die Sie Fallstricken dieser Art ausweichen läßt.

Killerphrasen sind erfolgreich, wenn sie emotional treffen. Daher ist der erste und wesentlichste Schritt, emotional Abstand zu gewinnen. Eine hilfreiche Taktik in diesem Zusammenhang kann es sein, Zeit zu gewinnen. Der Druck zu reagieren sollte nicht auf Ihnen ruhen, sondern Sie müssen den Ball zurückspielen.

In den folgenden Kapiteln werden einige Methoden vorgestellt, die Ihnen diesen emotionalen Abstand verschaffen können. Mit Hilfe dieser Distanz gewinnen Sie mehr Bewegungsfreiheit und bleiben nicht in emotionalen Fallen gefangen.

1.3 Erfolgs-Konter – Reaktionen auf Angriffe

Sie werden angegriffen. Ihr Gegenüber benutzt – bewußt oder unbewußt – seine Killerphrase. In Form einer Abwertung, einer Zuschreibung, eines Untergriffs oder in Form einer sachlich klingenden Phrase, die Sie ruhigstellen oder jedenfalls das eben behandelte Thema vom Tisch wischen soll.

Letztlich geht es *immer* darum, aus der Defensive wieder in die Offensive zu kommen.

Wenn Ihnen jemand einen Ball zuspielt, können Sie dafür sorgen, daß er sie nicht trifft, indem Sie sich ducken, zur Seite ausweichen, hochspringen etc. – der Ball rollt aus dem Feld und ist nicht mehr im Spiel. Sie können auch mit keiner Wimper zucken, wenn der Ball Sie trifft und von Ihnen abprallt.

Sie können den Ball fangen und ihn dann zur Seite rollen lassen. Sie können ihn betrachten und versuchen, die Gegenseite zu verwirren, indem Sie äußern, was für ein interessanter Würfel oder was für ein seltsamer Schokoriegel (jedenfalls kein Ball) dies wäre. Sie können ihn verzückt betrachten, sich überschwenglich für diesen wunder-wunderschönen bunten Ball bedanken oder neckisch mit ihm spielen, ehe Sie ihn aus dem Spiel nehmen.

Sie können den Ball, der auf Sie abgefeuert wurde, keck zurückrollen oder ihn kraftvoll auf die andere Seite schleudern, um Ihrerseits einen Treffer zu erzielen.

In manchen Fällen kann es sogar Sinn machen, sich zu Boden zu werfen, sobald Sie getroffen wurden, und das schwer verletzte Opfer zu markieren – vor allem dann, wenn Sie damit rechnen können, daß dies einen oder mehrere Schiedsrichter und Sanitäter alarmiert, die Ihnen sofort zu Hilfe eilen, Sie umsorgen und dem Gegner für sein Foul die Rote Karte zeigen.

Es gibt also immer mehrere Grundvariationen, auf einen Angriff zu reagieren. Sie können sachlich und neutral reagieren, ein Ausweichmanöver starten – und damit von Ihrer Betroffenheit ablenken und auf Umwegen wieder auf Ihr Thema zurückkommen – oder kontern – also zurückschlagen.

Welche davon Sie auswählen, sollten Sie nicht zuletzt davon abhängig machen, welches inhaltliche Ziel Sie im Gespräch verfolgen. Zudem hängt die Wahl des Erfolgskonters noch von etlichen anderen Faktoren ab:

1. Wie sehr fühlen Sie sich getroffen?
2. Welche Beziehung haben Sie zu der Person, die Sie angreift?
3. Gibt es ein Machtgefälle zwischen Ihnen, sind Sie von dieser Person abhängig oder diese von Ihnen?
4. Sind Sie mit dem Aggressor alleine oder sind andere Personen anwesend?
5. Wieviel Übung und Routine haben Sie im Umgang mit Killerphrasen?

Neutral-sachliche Reaktionen

Sachlich, kühl, gelassen zu reagieren, wenn man gerade mit einem Angriff konfrontiert worden ist, ist nicht immer leicht. Diese Art der Erwiderung ist zwar „technisch" einfach – Sie müssen also wenig Energie in eine besonders originelle, witzige, treffende o.ä. Antwort investieren –, aber Sie müssen eine ausreichend große emotionale Distanz haben, um sachlich agieren zu können und auch kühl – also nicht betroffen – zu wirken. Es geht bei dieser Variante in erster Linie darum, die eigenen Emotionen zu kontrollieren bzw. sie schnell genug wieder in den Griff zu bekommen.

Ignorieren
Wenn Sie es schaffen, kühlen Kopf zu bewahren, können Sie jede Killerphrase entwerten, indem Sie nicht auf sie reagieren und sich vor allem nicht unterbrechen und von Ihrem Thema, Ihrem Ziel abbringen lassen. Sie bleiben sachlich und fahren unbeirrt darin fort, Ihre Meinung, Ihre Ideen, Ihre Argumente zu äußern und bringen Ihren gedanklichen Faden zu Ende.

Varianten: Sie ignorieren die Killerphrase nicht gänzlich, gehen aber jedenfalls in keiner Weise inhaltlich darauf ein, Sie geben nur nonverbal oder verbal zu verstehen, daß Sie den Einwurf nicht zur Kenntnis nehmen.

Beispiel: „Danke für deinen/Ihren Beitrag. Wir waren beim Thema XY, ich war gerade dabei zu sagen ..."

Vorteile: Technisch einfach. Der Angriff läuft ins Leere und wird nicht weiter thematisiert – noch nicht einmal für kurze Zeit.

Nachteile: Emotional oft schwierig zu bewerkstelligen, zudem bleiben etwaige Unterstellungen oder Vorwürfe unwidersprochen im Raum.

Wann anzuwenden: In Zweier-Gesprächen ohne Publikum; aus der stärkeren Position heraus; wenn Sie mit einem stärkeren und obendrein unberechenbaren Gegner konfrontiert sind (z.B.: cholerischer Vorgesetzter); bei Killerphrasen, die der Mühe einer Reaktion nicht wert sind.

Sachliche Richtigstellung

Sie gehen kurz und sachlich auf den Angriff ein, indem Sie die wesentlichsten Punkte korrigieren. Dann fahren Sie mit dem fort, was Sie gerade äußern wollten. Bei hartnäckigen Gegenspielern oder wenn das Gesprächsklima eher aufgeheizt ist, müssen Sie unter Umständen Ihre Richtigstellung mehrmals bringen, dürfen dabei aber niemals die kühle und sachliche Tonlage verlassen. Eine mehrmalige Wiederholung einer knappen korrigierenden Replik ist in einem solchen Fall meist die Methode der Wahl.

Beispiele: „Du nimmst immer alles persönlich!" – „Ich nehme keineswegs alles persönlich, ich bin allerdings der Meinung, daß dieses Thema einen gewissen emotionalen Bezug erfordert!"
„Das haben schon viele vor Ihnen versucht" – „Das deckt sich nicht mit meinem Kenntnisstand, bisher gab es keine Versuche in der von mir vorgeschlagenen Richtung."

Vorteile: Sie wirken kühl und souverän. Sie bewahren Distanz, lassen sich emotional nicht verwickeln, können aber dennoch eine kurze Richtigstellung (keine Rechtfertigung oder Erklärung!!) anbringen.

Nachteile: Emotional schwierig. Das Amüsement für ein etwaiges Publikum hält sich in Grenzen. Vorsicht: In einem emotional aufgeheizten Gesprächsklima kann die Richtigstellung untergehen!

Wann anzuwenden: In eher sachorientierten, emotional wenig aufgeheizten Gesprächssituationen, auch mit Publikum oder wenn Sie deeskalieren möchten. Auch bei hierarchisch höherstehendem, rationalem Gegenüber brauchbar.

Sachliche Zurückweisung

Sie gehen auf den Angriff ein, indem Sie ihn – wiederum möglichst kühl und sachlich – zurückweisen, sei es den Inhalt oder die Form, in der der Angriff vorgetragen wurde. Nach der Zurückweisung ist es wichtig, Ihr angepeiltes Ziel weiterzuverfolgen!

Beispiele: „Wie du schon wieder ausschaust!" – „Mein Aussehen tut nichts zur Sache."
„Wieso machen Sie eigentlich ständig so dumme Fehler?!" – „Meine Vorgehensweise war vollkommen korrekt." (Zurückweisung des Sachinhalts)
„Wieso machen Sie eigentlich ständig so dumme Fehler?!" – „Meine Vorgehensweise in der Sache XY mag ein Fehler gewesen sein. Ich bin gerne bereit, mich mit sachlicher Kritik angemessen auseinanderzusetzen, aber es steht Ihnen nicht zu, meine Arbeit in Bausch und Bogen schlechtzumachen." (Zurückweisung der Generalisierung)
„Wieso machen Sie eigentlich ständig so dumme Fehler?!" – „Meine Vorgehensweise in der Sache XY mag ein Fehler gewesen sein, ich bin gerne bereit, mich mit sachlicher Kritik angemessen auseinanderzusetzen, aber das gibt Ihnen nicht das Recht, mich anzuschreien oder abzukanzeln." (Zurückweisung der Form)

Beispiele, die in beinahe jeder Situation passen: „Ich sehe das anders." – „Ich teile Ihre Meinung nicht!" – „Ich kann nicht nachvollziehen, wie Sie darauf kommen."

Vorteile: Bietet die Chance, zu Vorwürfen etc. Stellung zu beziehen, ohne sich emotional zu verwickeln.

Nachteile: Erfordert ausreichende emotionale Distanz und die Fähigkeit, gegebenenfalls rasch zwischen den Teilen, die Sie zurückweisen wollen, und den Teilen, die Sie annehmen können, zu unterscheiden.

Wann anzuwenden: Wenn Sie die Chance auf einen kooperativen Gesprächsverlauf wahren wollen, ohne sich zu unterwerfen.

Ausweichmanöver

Ein Gesprächsgegner attackiert Sie, aber Sie lassen sich nicht treffen, sondern entziehen sich dem Angriff. Auch die unter diesem Punkt vorgestellten Taktiken erfordern eine gewisse emotionale Distanz, teilweise können Sie sich mit dem Einsatz eines dieser Manöver aber auch genau die kurze Atempause verschaffen, in der Sie sich wieder stabilisieren können.

Absichtlich mißverstehen bzw. falsch interpretieren
Jemand macht Ihnen gegenüber eine ironische oder zynische Bemerkung. Sie ignorieren die Ironie oder den Zynismus und nehmen nur den Sachinhalt für bare Münze.

Beispiele: „Das ist aber ein besonders adrettes Kleidchen, das du heute anhast, meine Liebe!" – „Oh, es gefällt dir auch so gut wie mir, das finde ich schön!"
„Na, da hat sich wohl jemand wieder besonders gut vorbereitet!" – „Ja, ich habe mich tatsächlich sehr eingehend mit dem Thema beschäftigt!"

Vorteile: Sie können die Killerphrase gegen die angreifende Person wenden und die Attacke für sich vorteilhaft interpretieren. Das läßt – wenn Sie maßvoll dosieren – dem Gegenüber die Chance, das Gesicht zu wahren. Wenn Sie die Schraube etwas stärker anziehen, ist es vor allem für ein etwaig anwesendes Publikum amüsant anzusehen, wie Ihr Gegner ins Leere taumelt, weil sein Angriff untergeht – und verschafft Ihnen dadurch Genugtuung.

Nachteile: Sie müssen in jedem Fall deutlich machen, daß Sie *absichtlich* mißverstehen und nicht etwa zu schlicht gestrickt sind, um die Spitze zu erkennen.

Wann anzuwenden: In sachlicher Atmosphäre, wenn Sie einem Kampf ausweichen wollen und die Chance auf Kooperation wahren wollen. In emotional aufgeladenem Klima, wenn Sie Ihr Gegenüber mit wenig Aufwand lächerlich machen wollen.

Ebenenwechsel/Themenwechsel
Erfolgt ein Angriff auf der persönlichen Ebene, wechseln Sie behende auf die Sachebene, kommt der Angriff hingegen auf der Sachebene, entziehen Sie sich, indem Sie die persönliche Ebene ins Spiel bringen.

In jedem Fall können Sie von der Gesprächsebene auf die Meta-Ebene (also vom Gesprächsinhalt auf die Ebene des Gesprächsverlaufs) wechseln und aufdecken, was eben geschehen ist. Oder aber Sie wechseln kurzerhand das Thema.

Beispiele: "In Zeiten wirtschaftlicher Rezession können Sie doch nicht noch mehr Geld für Sozialleistungen fordern!" – „Haben <u>Sie</u> schon einmal versucht, von knapp 400 EURO im Monat zu leben?"
Das läßt sich natürlich auch umdrehen: *„Haben <u>Sie</u> schon einmal versucht, von knapp 400 EURO im Monat zu leben?"* – „In Zeiten wirtschaftlicher Rezession können Sie doch nicht noch mehr Geld für Sozialleistungen fordern!"

Vorteile: Mit etwas Glück oder der nötigen Penetranz bestimmen Sie den weiteren Gesprächsverlauf und können ablenken.

Nachteile: Erfordert rasche Reaktion. Zudem besteht die Gefahr, sich in den mehr oder minder weiten Bögen des Ausweichmanövers zu verlieren.

Wann anzuwenden: Universell verwendbar, vor allem wenn Sie entweder nicht unter dem Druck stehen, ein Ziel erreichen zu müssen, oder Ihr Ziel so klar im Kopf haben, daß Sie es trotz aller Manöver immer im Auge behalten.

Laszivität

Eine Sonderform des Ebenenwechsels stellen sexuelle Anspielungen dar. Angriffe können durch das Einfließen von sexuellen Angeboten (über deren Ernsthaftigkeit der Angreifer mehr oder minder deutlich im unklaren gelassen wird) entkräftet werden. Diese Art des Konters erfordert allerdings ein hohes Ausmaß an Sicherheit, auf der anderen Seite stellt sie ein sehr lustvolles Reaktionsmuster dar. Besonders erfolgreich kann diese Strategie sein, wenn eine Frau einem angreifenden Mann Kontra gibt.

Beispiele: „Reg dich doch nicht so auf!" – „Wo ich dich doch so aufregend finde ..." (lasziv gehaucht)
„So stellt sich der kleine Franzi das vor!" – „Was geht denn dich mein kleiner Franzi an?!"

Vorteile: Macht Spaß und ist zumeist für das Gegenüber sehr irritierend.

Nachteile: Paßt nicht in jedem Kontext. Insbesondere zwischen zwei Frauen bzw. zwischen zwei Männern müssen Anspielungen dieser Art sehr genau plaziert und dosiert werden, um nicht womöglich zum Bumerang zu werden. Funktioniert nur aus einer Position der Stärke.

Wann anwendbar: Nur dann, wenn Sie sich sicher genug fühlen und der Rahmen stimmt. Eignet sich besonders, wenn eine selbstsichere Frau auf einen Untergriff eines Mannes reagieren will.

Hinterfragen, rück-/nachfragen

Eine weitere Möglichkeit, Angriffen auszuweichen, noch dazu ohne Stellung zu beziehen, ist, mit einer Rückfrage zu reagieren. Dazu eignet sich vor allem die Frage nach dem „Warum?" ausgezeichnet.

Beispiele: „Was wollen Sie damit genau sagen?" – „Warum ziehen Sie diesen Schluß?" – „Was genau meinen Sie damit?"

Vorteile: Technisch einfach. Sie gewinnen Zeit. Die andere Person ist plötzlich in Zugzwang und hat Erklärungsbedarf.

Nachteile: Manchmal genügt eine Rückfrage nicht, Sie müssen also hartnäckig nachsetzen und dürfen dennoch Ihr Ziel nicht aus den Augen verlieren.

Wann anwendbar: Immer und überall – nur die Art der Frage ändert sich je nach Situation und Kontext.

Nebeltaktik

Bei der Nebeltaktik ignorieren Sie den Kern des Vorwurfs und stimmen entweder einem Teil oder einer allgemein gültigen Binsenweisheit zu, antworten aber jedenfalls nicht persönlich und gehen nicht auf den persönlichen Angriff ein. (Detailliertere Beschreibungen dieser Taktik finden Sie in unserem Buch „Die Kunst der Kampfrhetorik".)

Beispiele: „Du bist schon wieder so emotional!" – „Ich stimme dir zu, Menschen haben Emotionen."

„Sie machen doch hier nur für alle den Pausenclown!" – „Ich gebe Ihnen recht, Menschen haben unterschiedliche Zugänge zum Thema Humor."

Vorteile: Deeskalierend. Jemand, der ausweicht, macht sich nicht angreifbar.

Nachteile: Emotional schwierig, Richtigstellungen sind nicht möglich, das Verfolgen des eigenen Themas wird durch ein Ausweichmanöver erschwert. Nebeltaktische Antworten erfordern eine gewisse Übung, ehe sie leicht aus dem Ärmel zu schütteln sind.

Wann anzuwenden: Universell verwendbar, außer Sie verfolgen ein konkretes Ziel und stehen unter Zeitdruck oder wenn Sie ein Publikum unterhalten wollen oder müssen. Hilft, die Chance auf einen konstruktiven Gesprächsverlauf zu wahren.

Gegenangriffe

Aufdecken

Eine Mischung aus sachlich-neutraler Reaktion, Ebenenwechsel und Gegenattacke. Sie wechseln auf die Meta-Ebene (machen also den aktuellen Gesprächsverlauf zum Inhalt des Gesprächs) und weisen Ihr Gegenüber – und natürlich auch etwaige andere Anwesende – möglichst vorwurfsfrei darauf hin, daß Sie soeben attackiert, mit einer Schuldzuweisung oder einer Unterstellung konfrontiert wurden. Je sachlicher in Formulierung, Tonfall und körpersprachlichen Begleitsignalen Sie Ihre Entlarvung präsentieren, desto erfolgreicher werden Sie damit zumeist sein.

Ausnahme: Sie bewegen sich in einer Kultur, die Angriffe jedenfalls verurteilt und Opfer in Schutz nimmt – dann können Sie Gefühle einfließen lassen: Enttäuschung, Kränkung, Verletzung.

Die einfachste technische Variante des Aufdeckens ist, mit der möglichst genauen Wiederholung des Gesagten zu beginnen.

Beispiel: „*Glauben Sie wirklich, daß Sie dem gewachsen sind?*" – „Sie haben mich gefragt, ob ich wirklich glaube, dieser Aufgabe gewachsen zu sein. Damit unterstellen Sie mir, daß Sie mich nicht für qualifiziert genug halten – oder aber Sie halten mich für fähig und versuchen mich zu verunsichern. Ihr Einwurf unterbrach mich, als ich die geplante Vorgangsweise erläutern wollte ... (und zurück zum Thema!)"

Weitere Beispiele: „Das ist eine Killerphrase." – „Sie haben mir soeben Unwissen unterstellt." – „Du hast mir gerade Verantwortungslosigkeit vorgeworfen."

Vorteile: Stellt keine hohen Anforderungen an Schlagfertigkeit und Witz. Die emotionale Distanz kann durch das Aufdecken der Killerphrase noch vergrößert werden. Gibt dadurch relativ viel Bewegungsfreiheit.

Nachteile: Erfordert häufig nach dem Aufdecken ein Nachsetzen, um das Gespräch in Ihre Richtung zu lenken.

Wann anwendbar: Universell einsetzbar. Wie sachlich oder polemisch Sie die Aufdeckung gestalten wollen, liegt an Ihnen – und an Situation, Gegenüber und Rahmenbedingungen.

Kontern / Übertrumpfen

Jemand eröffnet die Feindseligkeiten auf Sie mit einem Angriff, Sie nehmen nicht nur den Angriff nicht an, sondern geben auf eine vergleichbare Weise Kontra. Oder: Jemand setzt Ihnen zu und Sie feuern zurück, legen aber gleich einen Zahn zu.

Beispiele: „*Ich habe den Eindruck, Sie sind persönlich überfordert.*" – „Ich würde Sie bitten, nicht von sich auf andere zu schließen!"
„*Du bist ja so naiv.*" – „Ehrlich gesagt bin ich lieber naiv als so ein abgebrühter eiskalter Mistkerl wie du!"

Variante Salami-Eskalation: „*Du bist schon wieder so dominant!*" – „Hast du ein Problem mit Dominanz im allgemeinen? Oder mit dominanten Frauen im besonderen? Fürchtest du dich vor dominanten Frauen? War deine Mutter eine dominante Frau? Hast du dich als Kind oft vor ihr gefürchtet? Willst du darüber reden? Ich habe immer ein offenes Ohr für Menschen in emotionalen Ausnahmesituationen. ..."

Vorteile: Ist eine meist emotional befriedigende Möglichkeit, nach außen sichtbare Stärke zu demonstrieren.

Nachteile: Wirkt emotionalisierend und verschärft Konfrontationen. Läßt dem Gegenüber damit nur die Chance auf Flucht, Unterwerfung oder Gegenschlag. Es besteht die Gefahr, die Beziehung zum Gegenüber nachhaltig zu beschädigen.

Wann anzuwenden: „Schaukämpfe", „Kräftemessen", um persönliche Befriedigung daraus zu ziehen oder um klar zu demonstrieren, wer hier oben und wer unten ist – oder einfach als spaßhaftes Geplänkel unter Gleichrangigen.

Ins Lächerliche ziehen
Nicht nur, daß der Angriff Sie ja eigentlich nicht berührt, geschweige denn wirklich trifft. Sie finden das Ganze im Grunde sogar irgendwie komisch. Und diese Person, die versucht, Sie zu verunglimpfen, macht dabei eine wirklich lächerliche Figur ...

Beispiele: „Typisch Frau!" – „Wow, in Biologie immer eine Eins gehabt?"
„Du bist schon wieder so aggressiv!" – „Also bis jetzt bin ich bloß ein bißchen wütend. Wenn ich aggressiv werde, fangen meine Augen rot zu glühen an und ich hab Schaum vorm Mund und meine Haare stellen sich auf ..."

Vorteile: Lustvolle Möglichkeit, Überlegenheit zu demonstrieren. In den meisten Fällen haben Sie die Lacher und damit das Publikum auf Ihrer Seite.

Nachteile: Erfordert Schlagfertigkeit. Und: Auch hier besteht die Gefahr, die Beziehung zum Gegenüber nachhaltig zu beschädigen.

Wann anzuwenden: Insbesondere gegenüber Personen, die arrogant und sehr von sich selbst eingenommen sind, um klar zu demonstrieren, wer hier oben und wer unten ist. Nicht unbedingt gegenüber Personen, an denen Ihnen etwas liegt, es sei denn, Sie wissen, daß Ihr Gegenüber hart im Nehmen ist und auch rauhere Späße versteht.

Welchen der Konter Sie wählen, hängt von Ihnen, Ihrer Zielsetzung, Ihrem Gegenüber, dem Umfeld und der Beziehung zum Gegenüber ab. Das Kapitel „Strategie und Taktik" bietet dazu noch weitere Hinweise. Eine Zusammenfassung der Erfolgskonter finden Sie am Ende des Buches (S. 100).

1.4 Antworten, die (fast) immer passen

Schlagfertigkeit kann man lernen. Es ist nicht immer leicht, auf Unterstellungen, Beleidigungen, Untergriffe, Killerphrasen eine passende Antwort parat zu haben.

Wenn Ihr Gegenüber auf Ihre Leibesfülle anspielt und Sie sind mit Ihrem Körper und Ihrem Gewicht glücklich, wird Sie diese Beleidigung kalt lassen. Unter diesen Umständen eine schlagfertige Antwort parat zu haben, etwa: „Der Neid der Besitzlosen ist was ganz Schlimmes" ist leicht. Bei Untergriffen, die Sie tatsächlich treffen, Ihnen unter Umständen den Boden unter den Füßen wegziehen, ist eine flotte Replik weit schwieriger.

Der Grund, warum Unterstellungen, Untergriffe, Killerphrasen verwendet werden, ist letztlich immer derselbe. Das Ziel ist es, Sie von Ihrem eigentlichen Thema abzubringen. Und Sie gehen dieser Taktik auf den Leim, wenn Sie sich entweder zurückziehen oder auch, wenn Sie ungezielt zurückschlagen und dabei Ihr Thema und Ihr Ziel aus den Augen verlieren.

Unterstellungen, Untergriffe, dumme Sprüche können kategorisiert werden. Das erleichtert zum einen, sie zu erkennen, zum anderen, erfolgreich zu kontern.

Es ist leichter zu antworten, wenn Sie schon vorgefertigte Antworten in Ihrem Köcher stecken haben. Wenn Sie Ihre wunden Punkte kennen und genau darauf schon Reaktionen parat haben wollen, sollten Sie sich die Zeit nehmen, clevere und genau für Sie passende Antworten zu finden – in aller Ruhe und *vor* einer Auseinandersetzung.

Darüber hinaus gibt es Antworten, die fast immer passen: für fast jede Situation, fast jede Person und fast jeden Anlaß.

Die erste Möglichkeit zu reagieren ist einfach: Sie thematisieren die Killerphrase als solche. „Das war jetzt ein Untergriff. Kommen wir doch zurück zu Sache ... ." Und dann verfolgen Sie Ihre Inhalte weiter. Sie decken auf der einen Seite die Killerphrase als Gesprächsstrategie auf und lassen sich auf der anderen Seite nicht durch den Untergriff vom Thema abbringen.

Bei dieser Antwort ist es möglich, daß Ihr Gegenüber das Thema Untergriffe weiterverfolgen möchte. Sie sollten mit Nachfragen rechnen – nachgefragt wird, was Sie damit gemeint haben. Oder Ihr Gegenspieler will sich nun mißverstanden wissen. Auch das lenkt von Ihrem Thema ab. Sie haben die Wahl, darauf kurz und knapp zu antworten oder die Einwürfe zu ignorieren. Lassen Sie sich jedenfalls nicht von Ihrer Gesprächslinie abbringen.

Eine weitere Möglichkeit, Angriffen zu begegnen, ist, mit einer Rückfrage zu reagieren und etwa eine sachliche Präzisierung einzufordern. Dazu eignet sich die Frage „Warum?" ausgezeichnet. „Warum sagen Sie das jetzt? Was wollen Sie damit aussagen? Wie soll ich jetzt reagieren? Was wollen Sie mit dieser Aussage bewirken? Woraus schließen Sie das? Das kann ich jetzt nicht nachvollziehen, was genau meinen Sie damit?"

Mit einer Frage zu reagieren birgt viele Vorteile. Sie sind erstens nicht gezwungen, inhaltlich Stellung zu beziehen, gewinnen zweitens Zeit, um über Ihre weitere Vorgehensweise nachzudenken und können drittens Abstand von Ihren Emotionen gewinnen. Wobei Sie damit rechnen sollten, daß nicht immer gleich die erste Antwort zufriedenstellend ist, sondern Sie eine klare Antwort auch mehrmals einfordern müssen. Dies allerdings nur, wenn Sie ernsthaft an der Beantwortung Ihrer Frage interessiert sind. Sonst können Sie die Denkpause Ihres Gegenüber dazu nutzen, wieder in die Offensive zu kommen.

Sie können auch reagieren, ohne wirklich auf den Angriff einzugehen, indem Sie sich für den Hinweis, den Kommentar etc. bedanken und unbeirrt Ihren Inhalt weiterverfolgen. Diese Reaktion ist eine etwas subtilere Form des Ignorierens, die allerdings den Vorteil hat, sich etwas emotionale Distanz verschaffen zu können. Diese Distanz ist vor allem bei Angriffen, die Sie tatsächlich treffen, hilfreich.

Eine weitere Antwort, die in vielen Fällen geeignet ist, ist das Wiederholen des Vorwurfs mit einem zweifelnden, fragenden oder ironischen Unterton. Damit deuten Sie den Angriff um, stellen ihn gleichsam in einen anderen Rahmen. Das bedeutet zwar, Sie müssen einen auf Sie gezielten Angriff wiederholen. Doch birgt diese Wiederholung die Möglichkeit, das Gegenüber zu zwingen, den Vorwurf zu rechtfertigen oder aber zurückzunehmen oder zumindest abzuschwächen. Für Sie selbst birgt diese Vorgehensweise die Chance einer raschen Bewältigung Ihrer Verletzung – und Sie müssen Ihre Energie nicht für die Suche nach originellen und schlagfertigen Antworten verwenden.

Wie auch immer Sie reagieren, legen Sie sich für den Anfang die Latte nicht zu hoch. Es ist wichtiger, daß Sie reagieren, und zweitrangig, wie gut Sie das tun. Die Eloquenz, die Schlagfertigkeit, der Esprit etc. kommen mit der Übung!

Antworten, die (fast) immer passen

- Aufdecken: *„Das war jetzt eine Killerphrase, kommen wir jetzt zurück zur Sache!"*
- Rückfrage: *„Warum kommen Sie jetzt darauf zu sprechen?"*
- Ignorieren des Angriffs: *„Danke für Ihren Hinweis."*
- Umdeuten: Wiederholen des Vorwurfs mit anderem Unterton (zweifelnd, fragend, ironisch ...)

2. Praxis

2.1 Angriffe auf Äußerlichkeiten: „Wie du heute wieder aussiehst!"

Killerphrasen dieser Kategorie beziehen sich auf von außen sichtbare Eigenheiten wie Körpergröße, Körpergewicht, Haut- oder Haarfarbe, aber auch auf Kleidung, Automarken, Accessoires (Brillen etc.) oder andere Dinge.

Zu erkennen, daß dieser Angriff auf das Aussehen nichts mit der Person zu tun hat, kann helfen, sich durch eine etwaige emotionale Verletzung nicht lähmen zu lassen.

Jemand, der es notwendig hat, eine Killerphrase auf Ihr Äußeres abzuschießen, bedient sich einer plumpen und wenig phantasievollen Angriffsmethode, die letztlich leicht abzuwehren ist.

Unserer Erfahrung nach sind Frauen eher als Männer durch diese Kategorie der Killerphrasen zum Schweigen bzw. von ihrem Thema abzubringen – kein Wunder, werden Frauen doch eher über ihr (mehr oder minder) attraktives Äußeres definiert.

Standardantworten auf Killerphrasen dieser Art

→ „Findest du es nicht sehr oberflächlich, Leute nur nach Äußerlichkeiten zu beurteilen?"

→ „Das enttäuscht mich, daß Sie offensichtlich nur auf Äußerlichkeiten Wert legen …"

→ „Danke für das Kompliment!" (je nach Situation ernsthaft oder ironisch)

Wenn Sie selbst in Versuchung sind, sich einer Killerphrase, die auf offensichtliche Äußerlichkeiten abzielt, zu bedienen, sollten Sie zuvor einiges bedenken:

Es ist unrealistisch zu glauben, daß Sie die erste Person sind, der etwa abstehende Ohren, Übergewicht, große Nasen etc. auffallen. Sie sind vermutlich auch nicht die einzige Person, die versucht, diese Äußerlichkeiten für einen Angriff zu nutzen. Das heißt, entweder Ihr Gegenüber verfällt in gelangweiltes Gähnen (Motto: *„Ich war vier, als ich diesen Blödsinn das erste Mal gehört hab. Mein Gegenüber übrigens auch."*) oder Sie treffen tatsächlich einen oft strapazierten und damit sehr wunden Punkt, was zu einer heftigen Überreaktion führen kann.

Am ehesten versprechen Angriffe auf das Äußere eines Gegenübers Erfolg, wenn der Angriff mit einem Kompliment verknüpft wird: „Sie haben sich mit Ihrem Outfit wohl heute besondere Mühe gegeben!"

Musterbeispiel

„Wie du schon wieder ausschaust! Mußt du dich so herrichten?"

- Danke für deinen Beitrag. Wir waren beim Thema XY, ich war gerade dabei zu sagen ... (*Ignorieren*)
- Schön ist, was gefällt. (*Allgemein-sachliche Zurückweisung*)
- Mein Aussehen tut nichts zur Sache. (*Sachliche Zurückweisung*)
- Das ist mein Stil! (*Zurückweisung mit der Gefahr der Rechtfertigung*)
- Das enttäuscht mich, daß du so auf Äußerlichkeiten Wert legst ... (*Gezielter Gegenangriff auf die Emotionen des Gegenüber, inhaltlicher Ebenenwechsel*)
- Wie schau ich denn aus? (*Rückfrage*)
- Das ist Mode! Gefällt's dir auch so gut wie mir? (*Ausweichmanöver: absichtlich mißverstehen*)
- Ich gebe dir recht, Äußerlichkeiten spielen für viele Menschen eine Rolle. (*Nebeltaktik*)
- Ich werte deinen Hinweis auf mein Äußeres als Ausweichmanöver, jetzt sollten wir aber zurück zum Thema kommen. (*Aufdecken*)
- Ich geb's ja zu, ich habe heute früh ganze drei Stunden gebraucht, mich so herzurichten. Und alles nur für dich! (*Lächerlich machen*)
- Jetzt, wo du das gesagt hast, ist dir sicher leichter ... (*Verschleierter Gegenangriff: Herstellung eines Oben-Unten-Verhältnisses à la geduldige Mutter und quengelndes Kind*)
- Schau dich doch selbst im Spiegel an! (*Konter auf der gleichen Ebene*)

„In Ihrem Alter ..." (von Älteren gegenüber Jüngeren eingesetzt)
- Ja! In meinem Alter!
- Und selber waren Sie nie jung?
- Ich habe bisher nicht gewußt, daß Sie sich schon so alt fühlen. Das tut mir leid für Sie.
- Alter allein sagt noch nichts über Kompetenz aus.
- Neidisch? ... da wären Sie wohl auch noch gerne?
- Ich komme mit meinem Alter ganz gut zurecht!
- Tja, ich bin eben noch jung und dynamisch (flexibel, offen, lernfähig ...)!
- In meinem Alter? Besser jung als schon gestorben!

„In Ihrem Alter ..." (von Jüngeren gegenüber Älteren eingesetzt)
- Ja! In meinem Alter!
- Was hat das Alter damit zu tun? (ernst)
- Neidisch? ... da wären Sie wohl auch schon gerne?
- Ich komme mit meinem Alter gut zurecht!
- Und – haben Sie ein Problem damit?
- Fühlen Sie sich durch meine Erfahrung eingeschüchtert?

„Hallo Vollschlanke!"
- Tschüs, Volldepp!
- Warum sagst du das gerade jetzt?
- Ich stimme dir zu, daß es schlanke und weniger schlanke Menschen gibt.
- Bei mir reicht 'ne Diät, du brauchst eine Gehirntransplantation.
- Kriegst du daheim nichts zu essen oder bist du absichtlich so ein Klappergestell?
- Wer? Wo? Oh – Entschuldigung, hab dich übersehen, du Zwerg.

„Geh, wie du ausschaust! Über dich kann man ja nur lachen!"
- Laß uns gemeinsam lachen!
- Was genau amüsiert dich daran? (ernsthaft interessiert)
- Das hat mit dem Thema doch gar nichts zu tun.
- Du bist leicht zu erheitern.
- Wer ist »man«?

„Sie haben sich mit Ihrem Outfit heute wohl besondere Mühe gegeben!"
- Danke für das Kompliment!
- Ist es Ihnen aufgefallen?
- Ja, das stimmt, besondere Anlässe erfordern besonderes Augenmerk auf das Outfit!
- Neidisch?!
- Hätten Sie gerne ein paar Tips von mir?
- Kann man das bei Ihrem Outfit heute auch sagen?
- Ich versuche in meinem Auftreten immer, meinem Gegenüber Respekt zu zollen, unabhängig davon, ob er/sie es auch verdient ...

„Ist an Ihnen alles so kurz geraten?!"
- Interesse, das genauer zu erforschen?
- Verwechseln Sie gerade Qualität und Quantität?
- Nur meine Geduld mit blöden Sprüchen!
- Welche meiner Maße interessieren Sie?
- Ich habe Schuhgröße 41.
- Bei einem etwaigen Vergleich habe ich keine Angst schlecht abzuschneiden. Sie?

„Brillenschlange!"
- Achtung, giftig!
- Und was willst du mir damit jetzt sagen?
- Das kommt vom vielen Lesen. (evtl. geduldig, erklärend, wie zu einem Kind)
- Wenn ich Sie abnehme, sehe ich alles nur noch verschwommen ... He, gute Idee!
- Damit ich dich besser fressen kann!
- Besser kurzsichtig als einfältig!

„Das könnte Ihre Tochter sein!"
- Sie ist die Freundin meiner Tochter.
- Was genau wollen Sie mir damit sagen?
- Eigentlich könnte sie fast meine Urenkelin sein.
- Ich habe nur Söhne.
- Ich bin kinderlos.
- Neidisch?

„So gut, wie du verdienst, könntest du dich eigentlich besser anziehen."
- Ich will ja nicht deine Neidkomplexe schüren!
- Was hat Geld mit bequemer Kleidung zu tun?
- Was bedeutet für dich „besser anziehen"?
- Nach den neuesten Berichten aus der Mode-Szene nun wieder zurück zum Wesentlichen ...
- Interessierts dich, wieviel ich wirklich verdiene.
- Understatement, Baby. Das ist jetzt in.

Übungsbeispiele

Und nun tief durchatmen! Legen Sie sich die Latte für den Anfang nicht zu hoch – und versuchen Sie, auf jede Killerphrase zumindest drei unterschiedliche Antworten zu finden. Wenn einer der untenstehenden Sätze Sie besonders berührt oder trifft, dann kehren Sie vielleicht später noch einmal zu diesem Satz zurück und lassen sich noch weitere Kontermöglichkeiten einfallen. Genau diese können Sie nämlich „in der freien Wildbahn" gut gebrauchen.

→ *Wissen Sie eigentlich, daß Frauen hierzulande auch mal ein Kleid tragen dürfen?*
→ *Ist unter all dieser Schminke eigentlich auch ein Gesicht?*
→ *Ich verstehe nicht, wie man so fett sein kann.*
→ *Ihre Fingernägel könnten auch mal wieder eine Maniküre vertragen.*
→ *Und deine protzigen Klunker – kannst du's nicht auch mal dezenter geben!?*
→ *Bist du nicht allmählich zu alt dafür?*
→ *Du solltest deine große Nase nicht immer in anderer Leute Angelegenheiten stecken!*
→ *Du Arme, du solltest wirklich deinen Friseur wechseln.*
→ *Mit Ihrer Größe schaffen Sie das ohnehin nicht!*
→ *Sie sehen mal wieder so aus, als hätten Sie sich für einen großen Auftritt zurechtgemacht.*
→ *Sie haben sich heute mit Ihrem Aussehen wohl besonders viel Mühe gegeben?*

2.2 Angriffe auf persönliche Eigenschaften und Verhaltensweisen: „Gott, du bist ja so naiv!"

Killerphrasen, die sich auf persönliche Eigenschaften des Gegenüber beziehen, erfordern ein hohes Ausmaß an Präzision und eine gute Einschätzung anderer, um zu wirken. Trifft ein solcher Angriff dann allerdings zielsicher einen wunden Punkt, kann es schwierig sein, gekonnt zu entgegnen. Vor allem dann, wenn dies eine Eigenschaft ist, die Sie selbst an sich auch nicht positiv beurteilen.

Standardantworten auf Killerphrasen dieser Art

→ „Ihre Unterstellung, ich sei ..., möchte ich hiermit zurückweisen."
→ „Das ist Ihre Sichtweise. Andere sehen das anders!"
→ „Ich habe ein anderes Bild von mir als du."
→ „Danke für das Kompliment!" (je nach Situation ernsthaft oder ironisch)

Um gekonnt zu reagieren, haben Sie einerseits die Möglichkeit, eine persönliche Eigenschaft als das zu bezeichnen, was sie ist, nämlich persönlich. „Gut, du bezeichnest mich als naiv. Was hat das jetzt mit dem Thema zu tun?"

Andererseits können Sie sie zurückweisen, indem Sie darauf verweisen, daß dies wohl das persönliche Urteil Ihres Gegenüber sei. Und was sagt das eigentlich über Ihr Gegenüber aus? Schon Freud hat sich mit dem Themenkomplex Projektionen ausführlich beschäftigt ...

Musterbeispiel

„Du bist so unflexibel!"
- Ich kenne meine Ziele. (*Sachliche Zurückweisung*)
- Viele Dinge haben aus gutem Grund Tradition. (*Sachliche Richtigstellung*)
- Nur weil sich etwas bewährt hat, ist es noch lange nicht schlecht. (*Sachliche Zurückweisung*)

- Andere würden mich konsequent nennen. (*Ausweichmanöver durch Umdeutung*)
- Was meinst du damit? Woran hast du denn diese Eigenschaft bemerkt? (*Rückfrage*)
- Ach ... ja ...? Was hast du jetzt gesagt? Ich habe nicht zugehört ... (*Ignorieren bei gleichzeitiger Abwertung des Gegenüber*)
- Wie flexibel hättest du mich denn gerne? (*Rückfrage mit Gegenangriff verbunden*)
- Weil ich mich nicht von dir manipulieren lasse? (*Rückfrage mit Gegenangriff verbunden*)
- Kann ja nicht jeder aus Wackelpudding sein. (*Gegenangriff*)
- Dafür bist du ein angepaßter Normen-Heini! (*Gegenangriff*)

„Du hast ja keine Ahnung – du bist ja so naiv!"
- Abgebrüht wie du kann ich noch früh genug sein.
- Nicht naiv, ausbaufähig!
- Tja, ich glaub ja auch immer noch, daß man sogar mit dir reden kann.
- Naiv, damit kann ich leben.
- Vielleicht naiv, aber dafür süß ... (mit leichtem Lispeln)
- Ist naiv sein so schlecht?
- Was bedeutet naiv für dich?
- Gar nicht wahr, ich glaub schon seit zwei Jahren nicht mehr an den Klapperstorch.

„Warum kommen Sie nicht mit Autoritäten zurecht?"
- Wo sind hier kompetente Autoritäten, außer mir?
- Ich nehme nicht an, daß Sie dabei von sich selbst sprechen?
- Oh, aber ich komme durchaus mit *kompetenten* ExpertInnen und *wirklichen* Autoritäten zurecht.
- Ich schätze ein Gespräch im Kollegenkreis durchaus.
- Ganz im Gegenteil – ich habe viel zu selten die Gelegenheiten zum Austausch.

„Du bist so unlogisch!"
- Quot licet jovi, non licet bovi.
- Du münzt wohl deine Eigenschaften auf andere um.
- Ich frage mich nur, wie du das feststellen kannst.
- Nicht unlogischer als die Theoriefindung der Wissenschaft!

- Vielleicht verwechselst du unlogisch mit flexibel/kreativ ... ?
- Weil du meiner Logik nicht folgen kannst?

„Du mit deiner Schleckerei!"
- Nur weil du nicht genießen kannst, brauchst du mich nicht so dumm anzugehen.
- Rund – na und!
- Im Moment schleck ich nur ein Eis. (zweideutiges Grinsen, sexuelle Einfärbung im Tonfall)
- Soll ich sabbern?
- Ja genau, ich mit meiner Schleckerei! (genießerisch und zufrieden lächelnd)

„Können Sie auch mit der Faust auf den Tisch schlagen?"
- Ich könnte auch mit dem Kopf auf den Tisch schlagen – aber das bringt genau so wenig.
- Doch, aber ich dachte, wir könnten das hier ohne Brachialgewalt auf der sachlichen Ebene lösen.
- Kann ich schon! Aber ich bevorzuge eine andere Kommunikationsform.
- Auf diese Ebene begebe ich mich für gewöhnlich nicht.
- Ich kann Ihnen auch woanders hinhauen ... Wünschen Sie sich das?
- Was kann denn der arme Tisch dafür?

„Sie sind zu sensibel!"
- Stört Sie das?
- Vielleicht hab ich nur, was Ihnen fehlt.
- Besser sensibel als gefühllos.
- Ja, die wesentlichen Dinge sind für Sie unsichtbar.
- Sie können also mit einem schlechten Gewissen nicht gut umgehen.
- Wenn das das einzige ist, was Ihnen an mir auffällt, dann sind Sie aber nicht sehr gut in der Einschätzung anderer Menschen.

„Du mußt immer und überall gleich Probleme sehen!"
- Ganz im Gegenteil, meine Sicht der Situation scheint für dich problematisch zu sein.

- Du machst sie und ich sehe sie. Ist doch eine gute Aufteilung, zumindest für dich ...
- Und du meinst, wenn du die Augen ganz fest zumachst, dann hast du keine Probleme mehr?
- ... und die Welt ist eine Scheibe?
- Ich seh die Welt halt realistisch.
- Hast wohl Probleme damit, dich mit Problemen auseinanderzusetzen?
- Stört dich das?
- Kennst du das Bild von den drei Affen?
- Fühlst du dich von Problemen generell überfordert oder nur gerade jetzt?

„Immer nimmst du alles gleich so persönlich."
- Wie sonst?
- Soll ich es lieber tierisch nehmen?
- Was hast du gegen Persönlichkeiten?
- Natürlich, das ist es ja auch.
- Hast du sehr schlechte Erfahrungen hinter dir mit „persönlich sein"?
- Ja, ich habe Kontakt mit meinen Emotionen. Und du?
- O.k., ich nehm's als Gruppe.

„Sei doch nicht so laut, du bist unmöglich."
- Du siehst doch, daß ich möglich bin.
- Ich schreie nicht – ich sag's bloß laut und deutlich.
- Ist dir mein Schreien unangenehm? (übertrieben mitfühlender Tonfall)
- Ich dachte, ich spreche zu leise ...
- ... bis jetzt hast du mir nicht zugehört.
- Hast du denn keine Erfahrung mit Leuten, die sich klar ausdrücken?

„Du verstehst überhaupt keinen Spaß!"
- Dann versteh ich wohl die Pointe nicht.
- Bloß keinen schlechten.
- O.k. Du willst über Humor und Spaß reden. Dann schauen wir uns einmal die Funktion von Scherzen an. Scherze sind dazu da, andere nieder zu machen ...
- Wenn der Spaß kommt, werde ich ihn schon erkennen!
- Wie kommst du darauf???
- He, der war gut. (Kichernd oder laut lachend)

„Du bist immer schon so nervös gewesen, Kind!"
- Ich bin nicht nervös, ich rege mich auf!
- Das ist aber nur dir so vorgekommen!
- Das ist meine ganz persönliche Note.
- Und wenn schon!
- Ist dir dann leichter, wenn du mich für nervös hältst?

„Sie sind nicht verantwortungsbewußt!"
- Sie meinen, ich bin mir meiner Verantwortung nicht bewußt?
- Kennen Sie die Bedeutung des Wortes überhaupt?
- Sind Sie sicher, daß Sie das beurteilen können?
- Was wollen Sie mit dieser Unterstellung bewirken?

„Du bist ja fixiert! Fällt dir nichts Neues ein?"
- Nein, du hast ja das Alte noch immer nicht kapiert!
- Was soll denn das heißen?
- Deine Phantasie reicht bei weitem nicht aus, um meine Realität zu begreifen!
- Ich will dich ja nicht überfordern!
- Andere Leute nennen mich zielbewußt.
- Mir fällt genug Neues ein, aber du bist mir zu primitiv, um es mit dir zu diskutieren.
- Deine Phrasen sind alt – wie wär's mit neuen Inhalten?

„Sei nicht so empfindlich!"
- Ich finde Empfindungen schön!
- Ich bin ja kein Elefant und der hat Angst vor einer Maus.
- Na, zum Glück bin ich's.
- Bleib auf der Sachebene.
- Das ist eine Killerphrase.
- Besser sensibel als plump und nichts mitkriegen.

„Sie sind so ungeduldig!"
- Das ist sicher besser, als geduldig in der Schublade zu verstauben.
- Gott sei Dank.

- Wenn es solche Leute wie mich nicht gäbe, würde sich nie etwas bewegen. Sie sollten froh darüber sein.
- Leider kann ich mein Tempo nicht verändern, auch wenn ich versuchen würde, mich Ihrem anzupassen.
- Meinen Elan hätten Sie wohl gerne?
- Man könnte auch sagen: wißbegierig und offen für Neues.
- Und Sie sind nur mehr „un".
- Ich kann gut verstehen, daß Sie gerne mit mir tauschen würden.

„Du hast ja die Weisheit mit dem Löffel gefressen!" (Du bist ja so gescheit!)
- Gut erkannt!
- Ja, und du mit dem Nudelsieb!
- Wenn doch so viel hineingeht.
- Mit Messer und Gabel auch.
- Du nicht?
- Das ist ja kein Fehler.
- So einen Löffel hättest du auch gerne.
- Hast du etwas anderes erwartet?
- Endlich erkennst du meine Qualitäten.
- Wer kann, der kann.
- Danke!
- Wenn das aus deinem Mund kommt, dann wird es schon stimmen.
- Ja, und dabei so bescheiden ...

„Du bist immer so zynisch!"
- Stimmt.
- Ja – und?
- Macht dir das Angst?
- Das Leben ist zynisch – ich kommentiere es nur.
- Du solltest die Definition von „zynisch" doch erst einmal in Erfahrung bringen!
- Bei all dem Schwachsinn, den du so daherredest, bleibt mir ja nichts anderes übrig.
- Das war doch völlig ernst gemeint. (mit unschuldigem Augenaufschlag und klarer Stimme)

„Du bist doch überhaupt nicht überzeugend!"
- Das ist ein typischer Untergriff von dir.
- Wäre ich nicht überzeugend, hättest du es nicht nötig, Killerphrasen zu verwenden.
- Hast du Zeugen dafür?
- In welchem Punkt genau?
- Zeugen? Du meinst Kinder zeugen? Nein, das tue ich nicht.
- Dabei habe ich doch extra für dich langsam gesprochen!

„Du bist ja nicht normal!"
- Wenn ich das wäre, wäre ich nicht bei dir!
- Ja, und?
- Wer ist das schon?
- Wie normal bist du denn?
- Wer läßt fragen?
- Bestimmst du die Norm?
- Wer will schon normal und ersetzbar (austauschbar) sein.
- Du hast ja so recht – ich bin außergewöhnlich.
- Normgröße DIN A4?
- Hast du ein Problem damit?
- Der Papst ist auch nicht normal.
- Hast du ein Problem mit überdurchschnittlichen Menschen?

Übungsbeispiele

Und jetzt sind wieder Sie dran! Also, Ärmel aufgekrempelt! Je mehr mögliche Antworten Sie finden, um so besser – insbesondere bei Killerphrasen, die an den ein oder anderen Ihrer persönlichen Schwachpunkte rühren.

→ *Wärst du nur ein bißchen offener!*
→ *Warum nimmst du nicht manchmal ein bißchen Rücksicht!*
→ *Zeigen Sie doch endlich mal Rückgrat!*
→ *Na, der/die Entscheidungsfreudigste sind Sie ja nicht gerade!*
→ *Es ist ja allgemein bekannt, daß Sie immer mit besonderem Enthusiasmus an Ihre Arbeit gehen (mit ironischem Unterton).*
→ *Du tust ja ohnehin immer, was du willst!*
→ *Kannst du vielleicht mal an irgend jemanden anderen denken als an dich?*
→ *Wenn man das Geld immer mit vollen Händen aus dem Fenster wirft ...*
→ *Warum mußt du immer so pedantisch sein?!*
→ *Eines Tages werden Sie sich noch umbringen bei Ihrem Ehrgeiz!*
→ *Wie oft schaust du noch in den Spiegel, einmal muß es doch genug sein.*
→ *Du alter Geizkragen!*
→ *Du mußt ja immer den Clown spielen!*
→ *Mach dich doch nicht immer vor allen Leuten lächerlich!*

2.3 Angriffe auf Emotionen: „Warum wirst du eigentlich immer so aggressiv?"

Immer noch herrscht die Meinung vor, es ginge in vielen Situationen nur um Sachargumente. Deshalb wird das Ansprechen von Emotionen häufig als Tabubruch erlebt und ist daher als Killerphrase sehr wirksam. Wenn im Rahmen einer Sitzung, in der es um Prozente und Marktanteile geht, auf einmal Ihre emotionale Verfassung zum Thema gemacht wird, ist dem schwierig zu begegnen.

In diesem Zusammenhang werden einerseits Emotionen angesprochen, die eher negativ bewertet werden, wie etwa Wut, Aggressionen, Nervosität etc. Andererseits werden auch positiv besetzte Emotionen wie Sensibilität oder Sympathie in ein negatives Licht gerückt, abgeschwächt oder lächerlich gemacht.

Darüber hinaus gibt es nicht wenige Situationen, in denen Gefühle aller Art prinzipiell als unpassend angegriffen werden. Gerade letzteres ist ein Vorwurf, der besonders an Frauen gerichtet wird und diese meist auch besonders trifft.

In all diesen Fälle kann es sinnvoll sein, sich ins Gedächtnis zu rufen, daß Emotionen Teil jeder Person sind und in jeder Situation mitschwingen. (Siehe auch den Abschnitt zum Thema Emotionen in Teil 1.)

Natürlich kann auch – vor allem im privaten Rahmen – die vermeintliche oder reale Abwesenheit von sichtbarer Emotionalität als Angriffspunkt genutzt werden. In diesem Fall ist der Appellcharakter der Killerphrase meist unklar zu verstehen.

Standardantworten auf Killerphrasen dieser Art

→ „Das ist Ihr subjektiver Eindruck."

→ „Mein Gemütszustand steht hier nicht zur Debatte, es geht um ..."

→ „Du solltest deine Probleme nicht auf mich projizieren."

→ „Hast du Probleme mit Emotionen? (... meinen Emotionen? ... emotionalen Frauen? War deine Mutter auch so emotional? Hast du Probleme mit deiner Mutter? ...)"

Da prinzipiell alle Menschen, selbst wenn sie dies leugnen oder verdrängen, Emotionen haben, ist die Wahrscheinlichkeit, mit einer Killerphrase, die sich auf reale oder vermutete Gefühle des Gegenüber bezieht, zu treffen, sehr hoch.

Wenn Sie also vorhaben, Killerphrasen aktiv zu verwenden, zahlt es sich aus, ein paar Standardangriffe im Köcher zu haben.

Musterbeispiel

„Na, heute sind wir wieder ein bißchen hektisch und gestreßt?!"
- Warum willst du das wissen? Was veranlaßt dich zu dieser Vermutung? (*Sachlich interessierte Rückfrage*)
- Wer ist „wir"? (*Rückfragen*)
- Fällt dir sonst nichts mehr zu dem Thema ein? (*Killerphrase aufdecken*)
- Soviel Energie hättest du wohl auch gerne!? (*Kontern durch Umdeutung*)
- Nein, sondern dynamisch und sprühend. (*Kontern durch Umdeutung*)
- Ja, ich hätte nämlich so viele wirklich wichtige Dinge zu tun und statt dessen schlage ich mich hier mit dir rum. (*Zurückweisen und Richtigstellen, gleichzeitige Abwertung des Gegenüber*)
- Das hättest du wohl gerne, daß du mich erregst …? (*Ausweichmanöver durch ein sexuelles Mißverstehen*)
- Bei inkompetenten GesprächspartnerInnen wie dir fällt es mir schwer, ruhig zu bleiben! (*Gegenangriff*)

„Sei nicht so emotional!"
- Was ist für dich „emotional"?
- Ich möchte nicht so ein gefühlloser Eisberg sein wie du!
- Ja, ich bin emotional, weil mich dieses Thema besonders beschäftigt. Das sollte bei dir auch so sein.
- Du erwartest doch nicht etwa, daß ich mich von dir einschüchtern lasse.
- Du willst vom Thema ablenken und wirst persönlich!
- Du wechselst gerade von der argumentativen auf die persönliche Ebene.
- Und du bist eine Maschine – oder wie?
- Was stört dich daran?
- Wie emotional soll/darf ich denn sein?
- Muß ja nicht jeder verdrängen – so wie du …
- Du bist wohl zu cool für dieses Thema.

Spezielle Antworten, wenn der Angreifer ein Mann ist:
! Typisch, daß du als Mann das sagst!
! Ich hab ja eigentlich durchaus Verständnis dafür, daß Männer mit Emotionen weniger gut umgehen können als wir Frauen.
! Du willst wohl allen beweisen, wie cool du als Mann sein kannst!

Spezielle Antworten, wenn die Angreiferin eine Frau ist:
! Du (als Frau) hast wohl Angst, Emotionen zu zeigen und damit ins Weibchen-Eck geschoben zu werden.
! Du willst wohl allen beweisen, wie cool du als Frau sein kannst!

„Warum wirst du denn so nervös – du zitterst ja!"
- Ja, vor Wut.
- Weil du dann glaubst, du hast schon gewonnen, und dein Ziel aus den Augen verlierst.
- Neben dir ... (mit anzüglichem Tonfall)
- ... weil ich schon viel zu lange mit dir gesprochen habe, jetzt habe ich wichtigere Dinge vor.
- Genierst du dich, wenn du mich nervös machst?
- Weil ich gleich gewußt habe, daß dich das stört!
- Bei dir immer! (übertrieben ängstlich oder lasziv)
- Fällt dir sonst nichts mehr zu dem Thema ein?
- Bei inkompetenten GesprächspartnerInnen wie dir fällt es mir schwer, ruhig zu bleiben!
- Dreh lieber die Heizung auf, mir ist kalt.
- Ich finde das ganz toll von dir, daß du dich so um mich sorgst.

„Du bist ja schon ganz rot im Gesicht!"
- Das erste Anzeichen von Allergie gegenüber meinem Gesprächspartner ...
- Ist dir das peinlich, wenn deine Gesprächspartnerin rot wird?
- Paß auf, das ist meine Warnlampe.
- Besser lebendig rot als ein kalter Fisch wie du.
- Ich könnte dir jetzt natürlich die physiologischen Zusammenhänge erklären, aber das würde vom Thema ablenken, also ...
- Das hättest du wohl gerne, daß ich deinetwegen rot werde?
- Alles Taktik, dich kann man schnell aus dem Konzept bringen.
- Besser rot vor Wut als bleich vor Schreck!

„Warum steigerst du dich so hinein?"
- Weil mir diese Sache wichtig ist!
- Wieso nicht?
- Damit ich dich besser fressen kann.
- Das ist dein subjektiver Eindruck.
- Ich bin engagiert, und du?
- Weil's so schön für mich ist! (mit sexueller Färbung)
- Weil mir das gefällt und es dich scheinbar verunsichert. (mütterlich/dominante Färbung)

„Du bist immer so empfindlich!"
- Du meinst, ich habe Einfühlungsvermögen? Ja, so ist es.
- Danke für das Kompliment.
- Ja, und?
- Und du bist der Elefant im Porzellanladen?
- Ja, das bin ich. Schade, daß du es nicht schaffst, darauf Rücksicht zu nehmen.
- Danke für das Kompliment.
- Ich stehe zu meinen Gefühlen.
- Was genau meinst du mit „empfindlich"?
- Was heißt „immer"?
- Die dicke Haut, die ich im Umgang mit dir bräuchte, möchte ich eigentlich lieber nicht haben.

„Es ist so lieb, wenn du zornig wirst!"
- Du bist so putzig, wenn du auf Macho machst.
- Soll ich dir ganz lieb eine reinhauen?
- Es ist lieb, wie du versuchst auf mich einzugehen.
- Bist du jetzt die tolerante Übermama?
- Ich werde gleich noch viel lieber! (drohender Unterton)
- Ich weiß, ich bin die Güte in Person.
- Du bist mir so fremd, wenn du zum Masochisten wirst.

„Sei nicht beleidigt – nimm doch nicht alles so ernst!"
- Kannst du akzeptieren, daß ich es aber ernst nehme?
- Willst du wirklich, daß ich dich nicht ernst nehme?

- Sei du nicht so unverschämt!
- Ach, du wolltest mich gar nicht beleidigen, dann hab ich da was mißverstanden. (ironisch)
- Kannst du auch so gut einstecken wie austeilen?
- Du bist also nicht ernst zu nehmen?!

„Wieso wirst du schon wieder so aggressiv?"
- Wieso – ich bin doch ein sprichwörtliches Lämmchen ... (sanft, mit einem leichten Lispeln)
- Du inspirierst mich ... (mit einem sehr freundlichen Lächeln)
- Meine Stimmung steht hier nicht zur Debatte, es geht um ...
- Du solltest deine Probleme nicht auf mich projizieren.
- Ich – aggressiv? (Augenaufschlag)
- Du meinst, das wäre aggressiv? Du solltest mich erleben, wenn ich wirklich wütend bin!
- Ich spiele aber gerne die große böse Wölfin, du bist so ein niedliches Rotkäppchen. Ich mag es, wenn du dich fürchtest. (lasziver Unterton)
- O.k., dann werd ich's später. Wann paßt's dir?
- Dann reiz mich nicht!
- Seit wann machst du dir Sorgen um meine Gemütslage?
- Angst? (süffisant, mit einem Hauch eines Untertons als Andeutung einer Drohung)
- Also *mir* geht's sehr gut damit.

„Du mit deiner Gefühlsduselei!"
- Verdrängt halt nicht jeder so viel wie du!
- Gefühle sind schöööön.
- ... es wird ein Dusel sein, und wir werden nimmer sein ... (evtl. gesungen nach der Melodie des Wienerliedes: „Es wird a Wein sein, und wir wern nimma sein").
- Du hast recht, manche Menschen stehen mehr zu ihren Gefühlen als andere.
- Schweif nicht schon wieder ab!
- Machen *meine* oder *deine* Gefühle dir (mehr) Angst?
- Lieber Duselei mit Gefühl als Duselei ohne!

„Warum regen Sie sich eigentlich so auf?"
- Ich – aufregen? Ich rege mich nicht auf, ich nicht (schwer atmend bis schnaubend oder röchelnd) ...
- Sind Ihnen Emotionen unangenehm?
- Nicht alle sind so desinteressiert wie Sie.
- Und ich dachte, Ihnen gefällt's, wenn Sie mich erregen ... (mit sexuell gefärbtem Unterton in der Stimme)
- Im Gegensatz zu Ihnen habe ich Blut in meinen Adern.
- Ich rege mich nicht nur auf, ich bin am Überkochen!!!
- Warum versuchen Sie mich zu provozieren?
- Aufgeregt bin ich erst, wenn ich Schaum vor dem Mund habe und meine Augen blutunterlaufen sind.
- Wie hätten Sie mich denn gerne?
- Warum nicht?
- Weil Sie mir ausreichend Gründe dafür liefern.
- Wer ist aufgeregt?

„Du bist wohl zu cool für dieses Thema!?"
- Nein, aber im Gegensatz zu dir kontrolliere ich meine Emotionen und nicht sie mich.
- Wünschst du dir nicht manchmal, du könntest sachlich bleiben?
- Ja, ich bin cool.
- Ich muß dir recht geben, verschiedene Themen wecken in unterschiedlichen Menschen unterschiedliche Gefühle.
- Du findest, du bist nicht cool genug?
- Möchtest du dir das von mir abschauen?

Übungsbeispiele

Haben Sie schon ein bißchen Spaß an diesen Übungen? Dann lassen Sie Ihren Gefühlen jetzt freien Lauf und testen Sie, welcher „dumme Spruch" Ihnen die meisten Ideen für Entgegnungen bringt!

→ *Jetzt ärgere dich doch nicht gleich immer so!*
→ *Bei deiner Coolness ...*
→ *Ich wäre Ihnen dankbar, wenn Sie Ihre Emotionen etwas besser im Zaum halten könnten!*
→ *Im Gegensatz zu dir habe ich eben Temperament.*
→ *Schade, daß dir sachlich sein so schwer fällt.*
→ *Du bist immer gleich beleidigt – dir kann man nichts sagen.*
→ *Du bist mir zu wehleidig.*
→ *Nehmen Sie meine Worte nicht persönlich!*
→ *Jetzt sei nicht gleich immer so emotional!*
→ *Besser aggressiv als passiv ist dein Motto, was?!*
→ *Muß ja nicht jeder verdrängen – so wie du ...*

2.4 Angriffe auf Ihre Kompetenz: „Denken ist nicht verboten!"

Diese Kategorie von Killerphrasen wird eingesetzt, um Ihnen Ihre Kompetenz, Ihre (beruflichen) Fähigkeiten, Ihre Erfahrung etc. abzusprechen. Die Angriffe auf diesem Feld sind nicht selten besser maskiert als andere, an der Oberfläche glatt oder sogar höflich, in Wahrheit jedoch oft in der Form von ironisch gemeinten, übersteigerten Komplimenten (*„Mit dieser Präsentation haben Sie sich wohl besonders viel Mühe gegeben!?"*) oder mit Lob, das im Kern einen Tadel oder eine Abwertung beinhaltet (*„Das war ja gar nicht so schlecht für eine Anfängerin!"*).

Sich gegen den Vorwurf der Unfähigkeit zur Wehr zu setzen lädt dazu ein, dies mit Rechtfertigungen und Erklärungen zu versuchen – letztlich jedoch halten gerade diese den Vorwurf mangelnder Fähigkeit aufrecht und können den negativen Eindruck für andere damit sogar noch verstärken. Statt dessen gilt es, die Unterstellung als Untergriff zu demaskieren und zurückzuweisen, ohne sich auf Spielchen einzulassen („*Na, dann beweisen Sie mir's doch!"*).

Standardantworten auf Killerphrasen dieser Art

→ „Ihre Unterstellung, ich sei inkompetent, möchte ich hiermit zurückweisen."

→ „Das ist Ihre Sichtweise. Andere sehen das anders!"

→ „Danke für das Kompliment!" (je nach Situation ernsthaft oder ironisch)

Wenn Sie selbst in die Offensive gehen und angreifen wollen, bedenken Sie, daß in Lob eingebettete oder verschleierte Angriffe wirkungsvoller sind als plumpe Unterstellungen wie: *„Sie haben ja keine Ahnung!"*

Elegante Phrasen wie *„Naja, vielleicht soll ich dir ein paar Hintergrundinformationen über das Thema geben!"* werten das Gegenüber ebenso wirkungsvoll, wenn nicht sogar wirkungsvoller ab und gleichzeitig Sie selbst auf.

Musterbeispiel

„Sogar Sie waren schon mal besser!"
- Danke für Ihren Kommentar, wir waren beim Thema XY. (*Ignorieren*)
- Das ist ein Untergriff. (*Aufdecken und sachlich zurückweisen*)
- Das sollte wohl jetzt eine Killerphrase sein. (*Aufdecken mit abwertendem Unterton*)
- Ich stimme Ihnen zu, Leistungen werden unterschiedlich bewertet. (*Nebeltaktik*)
- Was genau wollen Sie damit sagen? (*Rückfragen*)
- Nobody is perfect – nicht mal ich! (*Vorwurf abschwächen, auf allgemeinere Ebene heben mit „nobody", zugleich sich selbst erhöhen mit „nicht einmal ich"*)
- Nett, daß Sie endlich zugeben, daß ich gut bin. (*absichtlich mißinterpretieren*)
- Hatten Sie diese Erfahrung auch schon? (*Vorwurf nicht ernst nehmen und damit zurückweisen*)
- Ich passe mich meiner Umgebung an. (*Gegenangriff und Abwertung des Gegenübers*)
- Ich weiß, Ihre Gegenwart demotiviert mich immer so. (*Gegenangriff*)
- Wie wär´s, wenn Sie Ihr Gehirn und nicht nur den Mund beanspruchten? (*Gegenangriff – übertrumpfen*)

„Sie müssen daran noch viel arbeiten!"
- Ich arbeite daran, Sie reden nur darüber.
- Natürlich, ich will mich ja weiterentwickeln.
- Bis ich Ihnen endlich gewachsen bin? (ironischer Tonfall)
- Was konkret meinen Sie damit? Ich bin gerne bereit, mir konstruktive Vorschläge anzuhören. (sehr sachlich, aber ohne unterwürfigen Unterton)
- Arbeit macht das Leben süß!
- Und Sie bringen's mir bei? (eventuell mit anzüglichem Timbre)
- Sie haben ja so recht – wir alle können uns täglich verbessern.
- Ich bin besser als Sie denken. (bedrohlicher oder lasziver Tonfall)
- Danke für den *ungemein* kompetenten und wohlmeinenden Ratschlag.
- Fein, daß Sie so um meine Weiterentwicklung besorgt sind.

„Du hast ja nicht einmal Matura/Abitur ..."
- Das hat mit unserem Gespräch nichts zu tun.
- Aber einen hellen Kopf ... – auch ohne schriftliches Zertifikat.
- Dafür vielleicht mehr Lebenserfahrung.

- Daß Intelligenz und Matura zweierlei sind, das beweist du ja gerade wieder!
- Wenn ich auch noch Abitur hätte, wäre das ja beschämend für dich.
- Und ...?
- Hatte Cleopatra auch nicht.
- Ist ein solcher Abschluß ein Freibrief für Arroganz und/oder schlechte Manieren?
- War das alles?

„In der Praxis sieht alles anders aus!"
- Was willst du mir damit sagen?
- Warum glauben Sie, mehr Ahnung von der Praxis zu haben?
- Meine Erfahrungen sind andere.
- Die Praxis kennt keine neuen Lösungen, sondern nur die Fortsetzung des Bestehenden.
- Wie definierst du Praxis?
- Nicht alles ist graue Theorie.
- Ich weiß.
- Woher wissen Sie das?

„Du bist unfähig/inkompetent!"
- Heißt unfähig nicht impotent, Franzilein?
- Was verstehst du darunter?
- Kannst du das beurteilen?
- Wie kannst *du* das nur sagen?
- ... sagte der Blinde zum Einäugigen ...
- ... aber ich bin herzig, oder?
- Aber ich drücke mich gewählter aus! (mit süffisantem Lächeln)
- Mein Kind pflegt zu sagen: „Was man sagt, das ist man selber ..." (lächeln)
- Kompe ... Kompe ... was? (Was für ein Kompott?)
- Kannst du Kompetenz überhaupt buchstabieren?

„Glauben Sie, daß Sie dem gewachsen sind?"
- Sind wir hier in der Baumschule?
- Seit ich mit Ihnen zu tun habe, schreckt mich eigentlich nichts mehr.
- Gut, daß Sie fragen, ich wollte ohnehin meine besondere Eignung für diese Aufgabe schildern. Also: ...

- Immerhin bin ich 1,66 m groß!
- Ja.
- Sie haben recht, eine fundierte Ausbildung ist sehr wichtig.
- Ich glaube nicht – ich weiß es!

„Ich habe den Eindruck, Sie sind persönlich überfordert."
- Was erweckt diesen Eindruck bei Ihnen?
- Schön, daß Sie sich um mich sorgen.
- Nein, es ist eine Herausforderung.
- Weder persönlich noch sonst.
- Und wie sind Sie darauf gekommen?!
- Sie kennen meine Kapazitäten nicht!
- Hätten Sie wohl gerne ...
- Ihr Eindruck täuscht.
- Sie sollten nicht von sich selbst auf andere schließen.

„Was haben Sie sich denn dabei gedacht?"
- Danke, daß Sie fragen. Also: ...
- Nur das Beste, wie immer!
- Zum Thema, bitte!
- Denken? Ich? Niemals! (mit der nötigen Ironie in Stimme und Mimik)
- Nun, was glauben Sie?
- Wenn Sie ein bißchen länger Zeit haben, dann begebe ich mich gerne auf Ihren Wissensstand und erkläre Ihnen alles von Grund auf.

„Ich weiß ja, daß dir einfach noch die Erfahrung fehlt."
- Natürlich, die letzten 30 Jahre hab ich völlig verschlafen.
- Aber ich habe dazu eine Meinung.
- Muß ich 50 sein, um Erfahrung zu haben?
- Warum glaubst du, das beurteilen zu können?
- Dafür hab ich Hausverstand!
- Und du bist damit geboren?
- Ich gebe dir recht, es gibt Menschen, die dazulernen sollten.

- Ich finde erfahrene Männer (Frauen) auch rasend attraktiv ... Willst du nicht ein bißchen deiner Erfahrung an mich weitergeben? (je nach Situation kindlich-naiv oder mit lasziver Färbung)
- Bei manchen Leuten nützt auch jahrelange Erfahrung nichts ...

„Ich höre nur, daß Sie da Lücken haben."
- Ich lasse Ihnen doch gerne auch noch ein bißchen Platz.
- Das sind keine Lücken, das sind Spielräume für Gedanken. (Ob Sie diese auch nutzen können, ist eine andere Frage ...)
- Ich hatte bisher nicht den Eindruck, daß Sie das beurteilen können.
- Woran hören Sie das?
- Sie sind herzlich eingeladen, diese Lücken zu füllen – wenn Sie das tatsächlich können.
- Würden Sie meine Lücken gerne ausfüllen? (lasziv gehaucht)
- Ich höre das nicht.

„Sie wissen, dazu gibt es andere Meinungen!"
- Welche? Von wem? Warum?
- Das glaube ich gerne, aber derzeit sprechen wir über *meine* Meinung.
- Meine Meinung kann ich mit Fakten / Tatsachen / Praxisfällen ... stützen.
- Ja klar, viele Wege führen nach Rom!
- Welche haben denn Sie?
- Wir sollten uns einmal einigen, worüber wir sprechen.
- Möglich, dennoch sind diese momentan nicht relevant.
- Ist Ihnen das neu?
- Tatsächlich, das überrascht mich jetzt aber sehr!

„Sind Sie sich da wirklich ganz sicher?"
- Wieso sollte ich das nur im geringsten bezweifeln?
- Wenn Sie anderer Meinung sind, können Sie gerne versuchen, mich zu überzeugen. Aber das wird nicht ganz leicht sein ...
- Ja.
- Nun, philosophisch betrachtet: Gibt es so etwas wie Sicherheit überhaupt?
- Woran zweifeln Sie? Vielleicht können wir einiges klären.
- Die Zeit der Zweifel ist vorbei, jetzt kommt die Zeit des Handelns.

„Wenn du dich vorbereitet hättest, wüßtest du auch, daß ..."
- Das setze ich als Grundlage voraus.
- Und was hat das mit meiner Aussage zu tun?
- Weil ich vorbereitet bin, weiß ich ...
- ... und wenn du dich vorbereitet hättest, würdest du mir zustimmen!
- Wenn du mir damit unterstellen willst, unvorbereitet zu sein – vergiß es!
- Gegen dich hätte ich auch unvorbereitet keine Schwierigkeiten.
- Fühlen Sie sich überfordert?

„So eine oberflächliche Bemerkung hätten Sie sich sparen können!"
- Und wer definiert, was oberflächlich ist?
- Ich dachte, es dient Ihrem Verständnis.
- Offenbar nicht.
- Ich passe meine Bemerkungen gerne meinem Gesprächspartner an!
- Hätten Sie gerne zwei gehabt?
- Oberflächlich?
- Mein Tagessoll an oberflächlichen Bemerkungen war eben noch nicht erfüllt.

„Du hast ja keine Ahnung!"
- Wovon?
- In bezug auf Numismatik hast du recht.
- Ab und zu schon, z.B. ahne ich, daß dieses Gespräch mit dir sinnlos ist.
- Nur montags bis freitags ...
- Nicht ohne meine Kristallkugel ...
- Ich ahne nicht – ich weiß!
- Bleib bitte sachlich!
- Wie kommst du darauf?
- Wenn das dein Eindruck ist, hast du mir nicht richtig zugehört!

Übungsbeispiele

Und nun: ***Ihr Auftritt bitte!*** Zeigen Sie sich als kompetente und erfahrene Person, die die untenstehenden Angriffe mit links neutralisiert! Ach ja, und wenn's einmal doch nicht so klappen sollte, wie Sie gerne hätten: Sie haben genug Zeit für einen neuen Versuch.

→ *Ist diese Frage nicht etwas banal?*
→ *Machen Sie sich keine Vorwürfe, niemand ist perfekt. (gönnerhaft)*
→ *Das solltest du noch üben!*
→ *Sie sollten sich das wohl besser noch einmal durch den Kopf gehen lassen!*
→ *Was wollen Sie mir denn erzählen von dieser Sache?!*
→ *Das können Sie nicht entscheiden, dazu fehlt es Ihnen an Erfahrung.*
→ *Aus Ihrer Sicht mag das so scheinen, aber wir halten uns hier an die Fakten!*
→ *Haben Sie da auch etwas zu bieten?*
→ *Ich glaube, mit dieser Aufgabe haben Sie sich übernommen!*
→ *Das müßten Sie doch von allen hier am besten wissen.*
→ *Sie wirken ja nicht gerade überlastet in Ihrer neuen Funktion.*
→ *Hätten Sie nicht gerne die Kompetenz, um mich wirklich überzeugen zu können?*
→ *Ich nehme mal an, daß Sie zumindest das ohne Hilfe erledigen können.*
→ *Sie sind ja noch neu hier und kennen die Situation nicht.*

2.5 Angriffe auf Werte, Ethik und Moral: „Ja, Schatz, bewahr dir deine Illusionen!"

Das, woran Sie wirklich glauben, hat zumeist einen hohen Stellenwert in Ihrem Leben. Weltanschauungen und Einstellungen prägen von frühester Kindheit an Identität entscheidend mit. Für eine angreifende Person, die Sie zumindest ein wenig kennt, ist es verlockend, mit einem Angriff auf Ihre ethischen und moralischen Werte Ihre emotionale Stabilität zu erschüttern.

Standardantworten auf Killerphrasen dieser Art

→ „Meine persönlichen Wertvorstellungen tun hier nichts zur Sache."

→ „Interessiert dich wirklich, was ich darüber denke?"

→ „Missionarischer Eifer ist mir fremd."

Wenn Sie auf eine solche Killerphrase antworten, indem Sie persönliche Werte und Normen zur Diskussion stellen, wird das Ergebnis frustrierend sein. Persönliche Ethik ist nämlich eines in erster Linie: Persönlich. Und damit kann sie nicht Gegenstand einer gemeinsamen Lösung in einer Diskussion werden. Die einzige Möglichkeit, aus diesem „missionarischen Eifer" auszusteigen, ist: Die anderen ethischen Werte als zum Gegenüber gehörend zu betrachten.

Lassen Sie sich durch eine solche Attacke lieber nicht dazu verführen, sich auf eine Diskussion über Ihre Werte einzulassen, das bringt Ihnen hauptsächlich Frustrationserlebnisse ein. Und warum sollten Sie sich freiwillig in ärgerliche oder enttäuschende Situationen begeben?

> **Musterbeispiel**
>
> *"Moral ist gut, aber bitte nur in Ihrer Freizeit."*
> - Was genau wollen Sie mir damit sagen? (*sachlich-neutrale Rückfrage*)
> - Ich habe in diesem Punkt eine andere Anschauung. (*sachliche Zurückweisung*)
> - Meinen Sie das wirklich ernst? (*je nach Tonfall sachliche oder ironische Replik*)
> - Oh, ich wußte nicht, daß es eine berufliche Moral und eine Freizeitmoral gibt. (*erstauntes Hinterfragen des Angriffs*)
> - Ich verstehe sehr gut, daß Ihnen so etwas fremd ist. (*Zustimmung und dadurch ins Leere laufen lassen*)
> - Ich finde Ihre Einstellung wirklich erstaunlich. (*Zurückspielen des Angriffs auf das Gegenüber*)
> - Oh, ein Pragmatiker ... (*Konter durch Abwertung des Angreifers*)
> - Sie denken also, Moral ist so eine Art Bikini / Fußballdress? (*Konter durch Lächerlichmachen des Angreifers*)

"Besinn dich auf die wahren Werte."
- Wessen wahre Werte, deine?
- Was bitte sind wahre Werte?
- Besinnlich ist mir nur im Advent zumute.
- Ich habe recht klare Wertvorstellungen – sie unterscheiden sich allerdings von deinen.
- Was konkret möchtest du mir damit sagen?
- Gerne, sobald ich mal überschüssige Zeit habe.

"Das ist reine Illusion – wach endlich auf!"
- Das wird schwer. Du bist so einschläfernd!
- Ich bin wach, nur du scheinst an der Wirklichkeit vorbeizugehen.
- Du verwechselst Illusionen und Visionen!
- Besser ‚reine Illusion' als ‚schmutzige Realität' ...
- Freuen Sie sich lieber über Idealisten wie mich, welche Ihren grauen Alltag bereichern, welche Ihren Sargdeckel noch mal aufmachen.
- Ich träume nicht, ich denke nur weiter.

„Du hast in deinem Leben noch nie etwas Wichtiges erreicht!!"
- Ich mag dich aber trotzdem!
- Doch, dich geehelicht, Schatzilein!
- Du hast schon recht, es ist wichtig, sich Ziele zu setzen.
- Woher weißt du, was *mir* wichtig ist?
- Du hast recht, das Leben an und für sich ist wichtig.
- Dann würde ich ja deine Erwartungen enttäuschen.
- Jeder hat andere Prioritäten.
- Du hast recht, ich sollte anfangen, das Wesentliche vom Unwichtigen zu unterscheiden. Also tschüß, war schön, mit dir geredet zu haben.

„Komm mir doch nicht immer mit deinem Moral-Gesülze!"
- Moral heißt, sich mit Werten auseinanderzusetzen. Ja, das tue ich.
- Was verstehst du unter Moral?
- Warum nicht?
- Ich bin wertend, na und!
- Doch, ich habe meine Moral, hast du eine (andere)?
- Glauben ist wichtig in dieser unmoralischen Welt. (ironisch betont)
- Der Vorwurf kommt immer, wenn es um Werte geht, die mir wichtig sind.
- Wie schön, daß wenigstens du locker und frei im Hier und Jetzt lebst. (ironisch)

„Das ist ja geradezu faschistoid!"
- Ich finde das pietätlos, mit diesem Begriff in einer Beschimpfung um sich zu werfen.
- Weißt du eigentlich, was dieses Wort bedeutet? Ich möchte, daß du das zurücknimmst.
- Präzisiere diese Anschuldigung bitte.
- Bist du dir sicher, daß du die Bedeutung des Wortes verstanden hast?
- Was ist für dich überhaupt Faschismus? Woher kommt der Begriff?
- Das ist eine Diskussion, keine Gerichtsverhandlung.

„Du bist ja sooo radikal!"
- Du meinst, ich gehe Dingen auf den Grund? Stimmt.
- Und ich habe recht damit.
- Und? Macht dir das Angst?

- Ich bin für die Politik der großen Schritte.
- Heißt das, du selbst bist lieber banal?
- Ich setze mich eben intensiv mit Dingen auseinander.
- Stimmt, ich brauche das manchmal.

„Du mit deinen Utopien!"
- Wenn man jung ist, hat man halt noch Illusionen. Hoffentlich werde ich nie so alt wie du!
- Ich lebe recht gut damit!
- Oh ja, ich liebe Star Trek!
- Heute im Fremdwörterbuch bei U geblättert?
- Ja, und?
- Ich muß dir was gestehen, die sind gar nicht von mir. (geheimnisvoller Flüsterton)
- Man gönnt sich ja sonst nichts!

„Gutmensch!"
- Vielen herzlichen Dank.
- Ist doch um einiges besser als Miesepeter.
- Mensch – ja. Gut – naja, ich geb mir Mühe. Du etwa nicht?
- Irgendwie hab ich das Gefühl, du hättest mich jetzt gerne beleidigen wollen, und es ist dir nicht gelungen.
- Uuups, kein Treffer! Aber ich geb dir noch einen zweiten Versuch.
- Wärst du das auch gerne?
- Was meinst du eigentlich damit?

Übungsbeispiele

Suchen Sie sich unter den untenstehenden Killerphrasen einfach die, die Sie ärgerlich machen, und beantworten Sie sie. Und wenn wirklich alle Sie kalt lassen, kein Problem – Moral ist nicht jedermanns Sache!

→ *Jetzt steig mal von deinem hohen Roß herunter in die Niederungen der Wirklichkeit!*
→ *Kind, du kannst natürlich gerne glauben, was du möchtest. In deinem Alter ist ein bißchen idealistischer Übereifer ganz normal.*
→ *Du mit deinen erzreaktionären Ansichten!*
→ *Du ewig nörgelnder Moralapostel!*
→ *Wandere doch aus nach Rußland, wenn's dir hier nicht paßt!*
→ *Du gehörst also auch zu diesem linken Gesindel!*
→ *Ich hätte nicht gedacht, daß du so fundamentalistisch bist.*
→ *Tugendterrorist/in!*
→ *Diese ganze political correctness ist doch ohnehin nur aufgesetzt.*
→ *Und die Umwelt ist dir wohl vollkommen egal?!*
→ *Dein ganzes ideologisches Gequatsche nervt mich tierisch!*
→ *Diese ganze Werte-Masche ist ja sowas von altmodisch.*

2.6 Der Kampf der Geschlechter: „Typisch Frau!" – „Typisch Mann!"

Wer läßt sich schon gerne in Schubladen stecken? Kategorisierungen aufgrund von Vorurteilen und Stereotypen sind in der Regel eng und unflexibel. Dennoch sind gerade Kategorisierungen aufgrund des Geschlechts keine Seltenheit. Wobei nicht nur Männer frauenfeindliche Anspielungen machen, dies ist durchaus auch Frauensache – ebenso wie umgekehrt.

Mit *„Typisch Frau!"* sind zumeist dabei traditionelle Zuschreibungen gemeint, die Frauen als emotionale Wesen beschreiben, deren Rollen sich in sorgenden, dienenden und pflegenden Aufgaben erschöpfen (*„Frauen gehören an den Herd!"*).

Typische geschlechtsspezifische Ressentiments reduzieren Frauen auf die *„Mama"* oder *„Glucke"* – unabhängig davon, ob eine Frau tatsächlich Kinder hat oder nicht. Und Mütter sind – zumindest in der abwertenden Etikettierung – meist wenig attraktive Wesen bar jeglicher erotischer Ausstrahlung. Vor allem jüngere Frauen – aber nicht nur diese – werden hingegen durch die Reduktion auf Sexualobjekte aus dem Gleichgewicht gebracht.

Nach etwa dreißig Jahren Frauenbewegung zählt auch die Verunglimpfung von emanzipierten Frauen, Feministinnen oder schlicht erfolgreichen Frauen als (frustrierte, verbissene, ...) Emanzen zu den „Standards" im Bereich der Killerphrasen.

Nicht zuletzt macht es sich immer gut, darauf hinzuweisen, daß Frauen hormongesteuerte Wesen sind – also ständig unter PMS, Menstruations- oder Schwangerschaftsbeschwerden, nachgeburtlichen Depressionen und natürlich dann auch Wechselbeschwerden zu leiden haben – und mit ihnen ihr Umfeld. Was sie natürlich für alle höheren Aufgaben disqualifiziert.

> **Standardantworten auf Killerphrasen dieser Art**
>
> → „Findest du es nicht sehr oberflächlich, Menschen in Schubladen zu stecken?!"
> → „Hast du ein Problem mit starken / unabhängigen / selbstbewußten / ... Frauen bzw. einfühlsamen / unabhängigen / selbstbewußten / ... Männern?"
> → „Also, ich persönlich finde diese Art von Klischees veraltet."
> → „Ja, du hast recht, die Menschheit besteht aus Männern und Frauen!"

Im Gegensatz dazu werden Männer weniger als Männer an sich angefeindet (schließlich leben wir seit etlichen Tausend Jahren in einem Patriarchat), sondern meist dann, wenn sie sich nicht rollenkonform verhalten. In diesem Fall werden sie Ziel der Attacken vor allem anderer Männer: *„Schlappschwänze"* und *„Weicheier"* – immer geht es darum, nicht Manns genug zu sein.

Traditionelle Frauen setzen gegenüber Männern meist milde Formen von Abwertungen ein, die hauptsächlich zum Thema haben, daß Männer letztlich große Kinder wären, denen auch keine Verantwortung für bestimmte Lebensbereiche zugesprochen werden kann. *„Du weißt ja, wie das ist, er braucht sein warmes Abendessen!"*, *„Wenn du mich nicht hättest, würdest du verloren sein!"*

Emanzipierte Frauen haben gelernt, mit den gleichen Waffen zurückzuschießen – sie setzen häufig männerfeindliche Killerphrasen ein, die Männer mit Chauvinisten und Machos gleichsetzen: *„Zieh dein Bärenfell an und kriech zurück in deine Höhle!"*

Und natürlich treffen Frauen auch gerne den empfindlichsten Punkt eines Mannes und reduzieren ihn auf ein triebgesteuertes Wesen, dessen *„höhere Gehirnfunktionen zwischen seinen Beinen stattfinden"*.

> **Musterbeispiel**
>
> *„Typisch Frauen, alle denken in dieselbe Richtung!"*
> - Welche Richtung ist das denn? (*Rückfrage um Präzisierung*)
> - Denkst du das wirklich? (*aufdeckende Rückfrage*)
> - Ich bin ja auch eine Frau! (*Zustimmung zu einem Teilaspekt und Ignorieren der Abwertung*)
> - Nein, das ist wieder typisch Ich. (*sachlicher Widerspruch*)
> - Ja, ich habe ein Ziel, nämlich ... (*Ausweichmanöver: absichtlich mißverstehen verbunden mit Richtungswechsel*)
> - Ich schätze deine sachlichen Argumente! (*Aufdecken und Gegenangriff*)
> - Mit Stereotypen läßt sich's leicht leben. (*Aufdecken und Gegenangriff*)
> - Tja, was so ein zweites X-Chromosom alles kann. (*Ausweichen, Abwertung ignorieren*)
> - Mit Schmeicheleien erreichst du bei mir nichts! (*Umdeutung*)
> - Schließlich muß man zur Einbahn einen Ausweg haben! (*Umdeutung und Ausweichen*)
> - Typisch Männer, alle denken in denselben öden Klischees! (*Gegenangriff*)
> - Typisch Männer, denken alle in dieselbe Richtung – noch dazu immer im Kreis herum und herum und herum ... (*Gegenangriff*)
> - Aber im Unterschied zu Männern können Frauen in mehrere Richtungen denken – in deiner Eingleisigkeit fehlt dir bloß der Blick dafür! (*Gegenangriff*)

„Das kannst du nicht. Das ist nichts für Frauen! Das ist Männersache!"
- Dieser Irrtum gehört endlich beseitigt.
- Das war einmal ...
- Sieht man ja, was dabei herauskommt.
- Lebst du im 18. Jahrhundert?
- Reinen Tisch machen, das ist ja deiner Meinung nach Frauensache.
- Woher wissen Sie das so genau?
- Wo auf dem Y-Chromosom sitzt denn das Männersache-Gen?
- Und warum?
- Trifft dich das sehr, wenn Frauen so etwas besser können als / gleich gut können wie Männer? (*sachlicher oder besorgter Tonfall*)

„Was willst du, da kann eine Frau ja nicht mitreden!"
- Doch.
- Du erlebst gerade das Gegenteil.
- Du kennst meine Erfahrungen in keiner Weise.
- Ich will ja auch nicht nur reden, sondern lieber handeln.
- Wer will mich daran hindern?
- Wieso, geht's hier um Fußball?
- Wieso, geht's hier um Potenzstörungen?
- Wärt ihr lieber unter euch, fürchtet ihr euch vor Frauen, die mitreden?
- Danke für deinen sachlichen Beitrag. (sehr trocken)

„Ich sag's ja immer: Frauen gehören doch an den Herd!"
- ... und Männer an die Leine
- Warum nicht, wenn es ihnen Spaß macht, aber vielleicht möchten sie auch noch andere Beiträge für die Gesellschaft leisten?
- Wenn sie gerade kochen, dann ist das schon praktisch. Wenn sie gerade einen Bericht schreiben, aber eher nicht.
- Wir Frauen sind eben vielseitig.
- Frauen gehören sich selbst.
- Also verlaß die Küche, wo unsere Zukunft zubereitet wird.
- Und Männer gehen auf Jagd nach Mammut – ugh!
- Ich sag's immer: Männer sollten erst denken und dann reden! Ist das schon dein höchstes Niveau?
- Auch so ein Mann mit linken Händen?
- Hast dich wohl nie weit entfernt von Mamas Kittelschürze?

„Frauen reagieren immer so emotional!"
- Emotionen sind wichtig und richtig.
- Das ist ja unsere Stärke.
- Hast du Angst vor Emotionen?
- Das ist in diesem Fall auch angebracht.
- Und wie reagierst du immer?
- Und das macht dir angst?
- Und Männer reagieren dann immer so verunsichert.
- Klischees vereinfachen das Leben so sehr, nicht wahr?

„Darf man sich denn nicht mal mehr freuen über eine anregende Erscheinung."
- Soll ich jetzt rot werden, lachen oder weinen über so viel Plumpheit?
- Schade, daß ich das Kompliment nicht zurückgeben kann.
- Ich bin keine anregende Erscheinung, ich bin eine Person und wünsche als solche respektiert und behandelt zu werden.
- In Kürze: Nein! Klar?
- Doch, natürlich darf man(n) aufdringlich / plump / sexistisch … sein. Aber dann darf man(n) sich auch nicht wundern über ablehnende / unfreundliche Reaktionen.
- Reg dich bloß nicht zu weit an, das wäre peinlich hier im Büro.
- Schaffst wohl heute wieder nicht, deine Hormone unter Kontrolle zu halten?

„Ihren Einwand lege ich in den Ordner Hormonschub."
- Wo steht denn dieser Ordner?
- Werter Kollege, im Gegensatz zu Ihnen nutze *ich* mein Gehirn.
- Testosteron ist schon eine schlimme Sache, Sie Ärmster.
- Ich werde gleich was anderes schieben …
- Gott sei Dank haben Sie mit meinen Hormonen gar nichts zu schaffen.
- Ja, Adrenalin.
- Sie haben aber auch so eine männliche Ausstrahlung, wie soll eine Frau da nicht völlig in den Taumel der Hormone geraten …?

„So etwas macht eine richtige Frau nicht!"
- Bestimmst *du*, was eine richtige Frau ist?
- Was macht sie sonst?
- Und ein richtiger Mann sagt so was nicht!
- Was macht eine richtige Frau?
- Du Blödmann!
- Ich schon!
- Geh und spiel mit Barbie, bis du es schaffst, dich der Realität zu stellen!
- Vielleicht will ich dann keine „richtige Frau" sein.
- Dann such dir eine „richtige" Frau.
- Dir zuzuhören – das macht wohl bald gar keine Frau mehr …
- Du bist so süüüüß, wenn du auf Macho machst …

„Aber wir wollen doch nicht etwa böse werden, gnädige Frau ..."
- Warum nicht?
- Ich weiß ja nicht, was Sie wollen, gnädiger Herr, aber ich will das schon!
- Warum sind Sie's dann?
- Das tut mir jetzt aber leid, ich wußte ja nicht, daß Sie Probleme mit bösen Frauen haben. Übrigens: Was für ein Verhältnis hatten Sie denn zu Ihrer Mutter?
- Aber persönlich werden wollen wir schon, *gnädiger Herr*, oder?
- Ich habe meine ungnädigen Tage – Vorsicht!

„Das ist Männerdiskriminierung/männerfeindlich."
- Was ist Männerdiskriminierung?
- Steig runter von der emotionalen Ebene!
- Meine Betroffenheit ist mir wichtig – hast du Angst davor?
- Ja, ich finde auch, Männer sollten endlich schwanger werden dürfen.
- Tja, honey, wir leben nun mal im Matriarchat.
- Ja, ich finde auch, daß Gott ein Mann ist.
- Ja, da stimme ich Ihnen voll und ganz zu, Männer werden immer und überall diskriminiert.

„He, du Weichei!"
- He, du Weichbirne!
- Ich wußte ja bisher nicht, daß du dich für meine Eier interessierst ...
- Ich hab das Gefühl, du willst mir damit etwas sagen, aber ich komm einfach nicht drauf, was es ist.
- Solange meine anderen Körperteile bei Bedarf hart sind ...
- Mußt du jeden blöden Trend mitmachen?
- Du solltest nicht von dir auf andere schließen.

„Laß das mal, Männer können das eben nicht so gut!"
- Du brauchst mich eigentlich nicht bemuttern, ich bin erwachsen.
- Bin ich gelähmt oder was?
- Ich weiß nicht, was „Männer" können, ich kann das gut genug.
- Ich weiß ja, mit dem Stillen tu ich mich noch ein bißchen schwer.
- Ich bin 1,80 – ich fühle mich dem durchaus gewachsen.
- Brauchst du das zur Steigerung deines Selbstwertgefühls.

„Typisch Mann, nichts im Kopf außer Fußball, Autos, Weiber!"
- Ehrlich gesagt, der Kopf hat da gar nicht so viel damit zu tun ...
- Echt – bei dir ist das anders?
- Kann ich echt nur weiterempfehlen.
- Ja, ca. 1,5 kg davon.
- Hast du das nötig, diese blöden Klischees?
- Was hast du dir denn erwartet, Teilchenphysik.
- Donnerstags immer.

„Zeig doch endlich mal, daß du ein richtiger Mann bist!"
- Wie soll ich dir das denn zeigen? Äh, stop, eigentlich will ich das so genau auch wieder nicht wissen.
- Ich bin ein Mann.
- Soll ich öfter rülpsen oder was hättest du gerne.
- Bist du sicher, daß du das aushalten würdest?

Übungsbeispiele

Dieses Mal geht's streng nach Geschlechtern getrennt ans Üben – für die „holde Weiblichkeit" ein paar zartfühlende Äußerungen:

→ *Kein Wunder, daß die keinen Mann abgekriegt hat!*
→ *Also, wenn meine Frau so etwas sagen würde, hätten wir ein Problem miteinander.*
→ *Männer können ja gar nicht anders, wenn alle Frauen sich so verhalten wie du.*
→ *Ich rede jetzt von richtigen Frauen, nicht von Ihnen.*
→ *Jaja, Frauen und Technik.*
→ *Die hat wahrscheinlich gerade ihre Tage!*
→ *Sie sehen heute aber süß aus. Verstecken Sie Ihre hübschen Beine doch nicht immer unter einer Hose (anzüglich).*
→ *Frauen sind halt ein bißchen empfindlicher.*
→ *Ich persönlich mag ja lieber feminine Frauen.*
→ *Typisch Frau, Ihr Denken ist vom Mutterinstinkt geprägt.*
→ *Fühlen Sie sich als Quotenfrau? Wenn ja, ist dieses Gefühl nicht schrecklich?*
→ *Der g'hört noch ein Kind gemacht, dann hat's für den Blödsinn keine Zeit mehr.*
→ *Sie sind wahrscheinlich lesbisch, so zickig, wie Sie sich benehmen.*
→ *Du bist wohl unbefriedigt? Schaffe dir einen Hund an!*

Und damit die männlichen Leser nicht gar zu kurz kommen, auch einige Anregungen für Sie:
- → *Na klar, hier spuckst du große Töne, aber zu Hause hat deine Frau die Hosen an, oder nicht?!*
- → *Komm schon, wissen eh alle, daß du unterm Pantoffel stehst!*
- → *Typisch Mann, sieht immer alles einseitig!*
- → *Komm mir bloß nicht schon wieder mit deiner Neandertalermentalität.*
- → *Komm, laß mich das mal machen, du bist einfach zu ungeschickt. Männer können das eben nicht!*
- → *Wie niedlich – trägst du daheim auch ein rosa Schürzchen?!*
- → *Ist an dir eigentlich alles so kurz geraten ...?*
- → *Benimm dich gefälligst wie ein Mann und hör auf mit der Gefühlsduselei!*
- → *Mensch, du Weichei, du wirst doch noch ein paar Bier vertragen!*

2.7 Angriffe auf die Zugehörigkeit zu Gruppen: „Immer die Radfahrer!"

Es gibt Killerphrasen, mit denen Ihr Gegenüber ganz klar und gezielt *Sie* treffen möchte. Weil ihr oder ihm Ihre Nase nicht gefällt, Ihr Verhalten nicht paßt oder Ihre Einstellungen widerstreben.

Aber es gibt auch Situationen, in denen die Attacke nicht Ihnen als Person gilt, sondern Sie quasi stellvertretend angegriffen werden. Weil Sie Ausländer, Jüdin, katholisch, behindert, Sozialarbeiter, Lehrerin, arbeitslos, Beamter oder Sozialdemokratin sind, weil Sie Mitglied einer bestimmten Gruppe oder Familie sind.

Oft können Anspielungen oder gar grobe Beschimpfungen dieser Art besonders ärgerlich oder verletzend sein, dennoch kann Ihnen möglicherweise die Einsicht, daß Sie gar nicht als Person angesprochen werden, zur notwendigen emotionalen Distanz verhelfen.

Ob es sinnvoll ist, die geäußerten Abwertungen und Vorurteile einfach zu übergehen oder sich dazu zu äußern, hängt gerade in diesem Fall stark vom Vorhandensein eines Publikums ab – sind (neutrale) Dritte anwesend, ist es wichtiger, Stellung zu beziehen und Angreifer in ihre Schranken zu weisen. Sind Sie alleine, kann es schade sein um die Energie, die Sie zum Kontern aufbringen müssen – es sei denn, es ist Ihnen wohler, wenn Sie in jedem Fall zurückschlagen.

Standardantworten auf Killerphrasen dieser Art

→ „Ich vermute, Sie wollen mir irgend etwas damit sagen, aber ich komme einfach nicht drauf, was es ist ..."

→ „Ich setze mich gerne ernsthaft mit Ihren Vorurteilen auseinander, wenn Sie das möchten."

→ „Danke für Ihre Toleranz und Ihr Verständnis!"

→ „Auf dieses Niveau begebe ich mich eigentlich lieber nicht!"

In allen Fällen gilt: Wenn Sie nicht gerade über eine Eselsgeduld verfügen oder von einem stark ausgeprägten missionarischen Eifer beseelt sind, sollten Sie sich jegliche Erklärung oder Diskussion ersparen – Vorurteile und Stereotype sind schwer außer Kraft zu setzen.

> **Musterbeispiel**
>
> **„Das kannst du bei dir zu Hause tun!"**
> - Wo? (*Rückfrage*)
> - Warum nur zu Hause? (*Rückfrage, bezogen auf einen Teilaspekt des Angriffs*)
> - Ich bin Weltbürger/in. (*Ignorieren des Angriffs, Antwort auf der Sachebene*)
> - Fühlen Sie sich sehr sicher im Moment?
> - Wo? In Bayern / Oberösterreich / Frankfurt? (*Ignorieren des Angriffs, Rückfrage auf der Sachebene*)
> - Philosophisch betrachtet: Wo ist der Mensch zu Hause? Läßt sich diese Frage überhaupt so einfach beantworten? (*Ausweichmanöver: Ebenenwechsel*)
> - Mit welchem Recht wollen Sie mir Vorschriften machen? (*Gegenangriff, Umkehrung des Oben-Unten-Verhältnisses*)
> - Kennen wir uns? (*Rückfrage, je nach Tonfall neutral oder Konter durch Umkehr des Oben-Unten-Verhältnisses*)
> - Bei dir zu Hause tu ich's eh nicht. (*flapsiger Konter*)
> - Das mach ich sowieso! (*Konter*)
> - Wer hat dich denn freigelassen – da muß man sich ja grausen! (*Gegenangriff*)

„Ausländergesindel!"
- Gerade in der faschistoiden Phase?
- Sprechen Sie als Inländer?
- Haben Sie auch Ihren Arierausweis dabei?
- Ausländer ja, Gesindel nein!
- Ich beneide Sie nicht um Ihren Mangel an grundlegender Höflichkeit!
- Oh Verzeihung, ich habe Sie leider nicht verstanden. Sprechen Sie auch Hochdeutsch?

„Du redest wie deine Mutter!"
- Und?!?
- Ich bin Vollwaise/adoptiert.
- Sie hat mich schließlich erzogen.
- ... der beste Mensch, den ich kenne.

- Keine Beleidigungen!
- Du kennst sie ja gar nicht.
- Woher kennst du meine Mutter?
- Du meinst deutsch? Stimmt.
- Was hat das mit dem Thema zu tun? Willst du ablenken?
- Stimmt nicht! Die redet (meistens) kroatisch.
- Nein, die ist blond.
- Was hast du eigentlich gegen meine Mutter?
- Kann ich was dafür? *Du* hast sie schließlich geheiratet ...

„Das müßten Sie als Beamter doch wissen!"
- Dafür bin ich nicht zuständig!
- Warum?
- Was wissen Sie über meinen Aufgabenbereich?
- Wofür sind Sie eigentlich zuständig?
- Wer sagt das?
- Fragen Sie meinen Betriebsrat!
- Wie kommen Sie denn darauf?
- Was hat das mit meinem Beruf zu tun?
- Alles wissen kann aber natürlich nur der liebe Gott.
- Du mit deinem Allmachtsanspruch!
- Ich bin leider nicht sooo klug wie du.
- Und selbst wenn ich es nicht weiß, dann weiß ich, wo ich nachfragen kann – denn dazu gibt es Fachleute.
- Ach ja?

„Was wollt ihr, ihr seid doch nur ein Ableger der Sozis!"
- Ja, gerade deshalb habe ich eine Ahnung davon!
- Wir finanzieren uns aus Spenden und Beiträgen und sind unabhängig.
- Wir sind eine befreundete Organisation.
- Oh mein Gott! Danke, daß du mich darauf hinweist. Wenn ich das gewußt hätte ...
- Na und?
- Anscheinend kennst du dich für diese Diskussion zu wenig aus.
- Soll ich mich jetzt dafür in die Ecke stellen?
- Paßt das etwa zum Thema?

„Glauben Sie wirklich, daß der Standpunkt Ihrer Partei der richtige ist?"
- Allerdings.
- „Richtig" für wen?
- Ist Ihr Standpunkt richtiger?
- Ich bin davon überzeugt.
- Sonst wäre ich nicht mehr dabei.
- Sie etwa nicht?
- Sonst würde ich ihn nicht vertreten.
- Diskutieren wir jetzt über meinen Standpunkt oder über den meiner Partei?
- Fragen Sie sie doch!
- Nein, ich bin bloß Mitglied, weil mir die hübschen bunten Farben auf den Wahlplakaten so gut gefallen ...

„Das sollte jemand sein, der nicht aus dem Dunstkreis der Gewerkschaft kommt."
- Könnten Sie „Dunstkreis" konkretisieren?
- Sie meinen also, jemand aus einem anderen „Dunstkreis"?
- Sie meinen also, die betreffende Person sollte mit Gewerkschaftsmitgliedern weder verwandt noch verschwägert sein?
- Ist *nicht* aus dem „Dunstkreis" der Gewerkschaft zu kommen schon eine Qualifikation?
- Warum?
- Ja, ich gebe zu, dort nehmen gefährliche Praktiken überhand.
- Halten Sie den Dunstkreis der Kaninchenzüchter für kompetenter?
- Ist ein Dunstkreis rund oder eckig?
- Riecht man das?

„Willst du's nicht mal mit Arbeiten probieren?!"
- Ich hab das schon probiert, aber es hat mir nicht gefallen.
- Ist das ein Angebot?
- Ich bin recht zufrieden mit dem, was ich mache.
- Denkst du wirklich, ein Studium ist eine reine Freizeitbeschäftigung?
- Was genau willst du mir damit sagen?
- Also ich nehme meine Arbeit ernst.
- Danke für dein Verständnis!

Übungsbeispiele

Da in diesem Kapitel eine Vielzahl von Angriffen unterschiedlicher Stoßrichtung zusammengefaßt sind, war es schwieriger, Übungsbeispiele zusammenzustellen. Sollten Sie sich bei keinem der unten genannten Anregungen angesprochen fühlen, so könnte es Sinn machen, diese Liste mit Killerphrasen „aus der eigenen Praxis" zu ergänzen, und Antwortmöglichkeiten darauf zu finden. Oder Sie sehen's einfach als Zusatzübung für Ehrgeizige, schließlich müßten Sie mittlerweile beinahe jedem Untergriff begegnen können. Und last but not least: Selbst wenn Sie sich von wenigen oder keiner der Attacken betroffen fühlen, so könnten Sie, wenn Sie Lust dazu haben, ja auch anderen angegriffenen Personen mit einem beinharten Konter zur Seite stehen.

- → *Jawohl, Frau Lehrerin, ich bin ja schon wieder brav.*
- → *He, hier bist du nicht in Uniform, also laß auch deinen Kommandoton!*
- → *Solche Leute sind eben nicht wie alle anderen ...*
- → *Afrikaner sind von Natur aus viel aggressiver!*
- → *Das sind eben alles Kriminelle!*
- → *Die Studenten führen doch alle ein Lotterleben!*
- → *Mein Gott, die sollen endlich einmal arbeiten, dann vergeht ihnen das schon.*
- → *Es gibt keine Arbeitslosen, nur Leute, die nicht arbeiten wollen.*
- → *Sozialschmarotzer!*
- → *Und dann kriegen sie noch 15 Kinder, für die wir bezahlen müssen.*

2.8 Die Gelegenheit beim Schopf gepackt: „Wo bleiben eigentlich deine Argumente?!"

Flexible Gegenspieler nutzen jede sich bietende Gelegenheit, Sie anzugreifen, sei es, um von sich selbst abzulenken und Sie in die Defensive zu bringen, oder sei es schlicht um des Angriffs willen selbst.

Alles, was Sie tun oder unterlassen, was auch immer Sie sagen oder verschweigen, kann gegen Sie verwendet und zum Inhalt einer Killerphrase werden.

> **Standardantworten auf Killerphrasen dieser Art**
> → „Das ist derzeit nicht das Thema."
> → „Was konkret irritiert dich an diesem Verhalten / an dieser Situation?"
> → „Sprich dich ruhig aus, erzähl mir deine Probleme."
> → „Ein bißchen kühl für diese Jahreszeit, finde ich."

Durch den begleitenden – je nach Situation vorwurfsvollen, aufgebrachten, tadelnden oder herablassenden, keinesfalls aber neutralen – Tonfall wird Abwertung mit einer Bemerkung, die sich auf Ihr Verhalten bezieht, verbunden. Oder aber die Gesprächssituation selbst, Rahmenbedingungen etc. werden plötzlich zum Thema gemacht.

Solche situativen Killerphrasen laden oftmals sehr stark dazu ein, sie zu beantworten. Lassen Sie sich nicht aufs Glatteis locken – behalten Sie Ihr Ziel und Ihr Thema im Auge.

> **Musterbeispiel**
>
> *„Das ist doch alles bloß BlaBla!!"*
> - Deine Argumente sind nicht sehr überzeugend. *(sachliche Zurückweisung)*
> - Wie bitte? *(Rückfragen)*
> - Ist das alles, was du von dir geben kannst? *(Zurückweisung mit Gegenangriff)*
> - Angenehm, Klementina (...) mein Name. *(Ignorieren des Angriffs)*
> - Kannst du mal etwas sagen und nicht nur reden? *(Aufdecken der Killerphrase mit Konter)*
> - Sprechen verlernt? *(flapsiger Konter)*
> - Wau, wie intelligent! *(Konter mit Angriff auf die Intelligenz des Gegenübers)*
> - Deine brillanten Argumente überwältigen mich. *(Konter durch Überspitzung der Killerphrase)*
> - Muh, mäh, gurr – Comicsprache ist wohl „in" in deinen Kreisen. *(Konter)*
> - Das am Ende des Satzes hab ich nicht verstanden? *(je nach Tonfall aufdeckend oder ins Lächerliche ziehend)*

„Ich muß jetzt ...!" *(... Arbeiten gehen. Vorbereiten. Auf die Bank. Aufs Finanzamt.)*

- Den Feigen gehört die Welt ... oder wie war der Spruch noch mal?
- Beim nächsten Treffen machen wir uns genauer die Zeit aus.
- Ist deine Entscheidung!
- Wer zwingt dich?
- Du meinst, das ist dir wichtiger?
- Wann hast du Zeit, damit wir miteinander reden können?
- Die Bank ... kann warten, meine Emotionen nicht.
- Nur Mut, sag wie es ist – du kannst/willst nicht!
- Gut, wenn nicht jetzt, wann dann?

„Warum sind Sie heute überhaupt hier?"

- Warum nicht?
- Warum gehen wir nicht einfach von dem Faktum aus, daß ich hier bin.
- Warum wollen Sie das wissen?
- Sie (sollten) wissen, warum ich hier bin – aber vielleicht lassen wir dieses Gepläknkel und kommen (wieder) zum Thema.
- Aus dem gleichen Grund wie Sie.

- Also, zuerst bin ich aufgewacht, weil mein Radiowecker gepiept hat, dann – äh, wie detailliert wollen Sie's denn gerne?
- Danke, daß Sie mich danach fragen. Also: ...

„Halt den Mund, ich kann es nicht mehr hören."
- Du wiederholst dich!
- Und weißt du schon eine Antwort?
- Du kannst das beenden, indem du mit mir endlich ein Gespräch darüber führst.
- Ich muß es so oft wiederholen, bis du es verstanden hast.
- Warum ist es dir unangenehm?
- Ich weiß schon, das hat deine Mutter auch immer gesagt, aber ...
- Wer nicht hören will, muß fühlen. Klatsch!
- Ja, du hast mir schon gezeigt, daß du nicht zuhören kannst!
- O.K., dann fangen wir noch mal von vorne an!
- Dann kauf dir einen Hörapparat.
- Es fängt erst an.
- Aber mir reicht's nicht, ich kann und will noch eine ganze Menge sagen ...
- Mir wird's nicht fad.
- Wie wäre es mit einer Schweigeminute zum Thema?

„Darum geht's jetzt ja gar nicht!"
- Willst du etwa bestimmen, worum es geht?
- Für mich schon!
- Warum nicht?
- Und das bestimmst du?
- Worum geht's dann? Deiner Meinung nach?
- Ist dir das Thema unangenehm?
- Soll ich das jetzt als Versuch der Ablenkung werten?

„Können Sie auch einmal etwas sagen?"
- Kommt schon, nur Geduld! (*unausgesprochener Tonfall:* Kindchen)
- Ja.
- Gut, daß Sie mich das fragen ...
- Könnte ich.
- Ich äußere mich prinzipiell nur dann, wenn ich das für angebracht halte.

- Derzeit höre ich zu.
- Im Gegensatz zu anderen ist es mir wichtig, etwas Sinnvolles beizutragen und nicht nur anderen um jeden Preis die Zeit zu stehlen.
- Was genau möchten Sie denn von mir hören?

„Jetzt nenne mir endlich ein Argument, denn du redest seit Stunden, und ich habe noch immer keines gehört."
- Dann solltest du einen Ohrenarzt aufsuchen.
- Dann hast du wohl die Stunden verschlafen.
- Du hast mir gar nicht zugehört! (entsetzt)
- Laß die rhetorischen Floskeln.
- Manche Leute tun sich halt schwer, auf eine bestimmte Ebene zu steigen.
- Willst du meine Argumente überhaupt hören?
- Vielleicht verstehst du eher so etwas: „Ene meine mu und raus bist du ..."
- Bring bessere.
- Doch. Noch mal von vorne. 1. ..., 2. ..., 3. ...

„Du siehst das aber sehr subjektiv?!"
- Und wenn das so wäre?
- Ich bin schließlich auch ein Subjekt – und du?
- Du wirfst mir meinen Mut vor?
- ... während du die Objektivität für dich gepachtet hast?
- Ich sehe – daher bin ich.
- Jawohl – und?
- Darf ich Schatzi zu dir sagen?
- Schlecht??
- Du meinst „typisch weiblich"?
- Ein gutes Argument – stichhaltig und klar vorgetragen.
- Gott sei Dank leben wir in einem Land, wo es das Recht auf freie Meinungsäußerung gibt.

„Du mußt immer das letzte Wort haben!"
- Einer muß es wohl haben!
- Mit Recht, da es das gescheiteste ist.
- Es geht nicht um das letzte Wort, sondern um den Inhalt.

- Natürlich, wer sonst?
- Wenn du danach nichts mehr zu sagen hast.
- Das ist deine Sache.
- Tut's weh?

„Du bist so laut!"
- ... und so klar und deutlich.
- Ja, hast du Ohrenschmerzen?
- Sonst hörst du mich vielleicht nicht.
- Soll ich für dich flüstern?
- Damit du mich besser hören kannst.
- ... und schön!
- Ich brauche mich nicht zu verstecken.
- Vielleicht ist dein Hörgerät falsch eingestellt.
- Was hast du gesagt?

„Auf dieser Ebene bin ich nicht bereit zu diskutieren!"
- Gehen dir die Argumente aus?
- Bin ich dir zu hoch?
- Gut, heben wir das Niveau!
- Welche Ebene hätten wir denn gerne?
- Ich halte diese Ebene für gerade richtig!
- Ich halte Ihr Niveau für zu sachorientiert.
- Sie sind also nicht bereit, mit mir zu diskutieren?
- Tut mir leid, noch tiefer kann ich aber nicht.
- Treffen wir uns auf dem Berg?
- Ach ja, warum tust du es dann?

„Das war nicht die Antwort auf meine Frage."
- Sie hatten eben nicht die richtige Frage zu meiner Antwort.
- Welche Frage?
- Lassen Sie mich noch einmal präzisieren ...
- Dann haben Sie meine Antwort nicht verstanden.
- Dann sollten Sie in der Lage sein, Ihre Fragen präziser zu formulieren
- Wieso?

- Für mich schon!
- Diese Frage ist mir keine Antwort wert.
- Das haben Sie toll durchschaut.
- Psst, nicht verraten, ich hab mir doch solche Mühe gemacht, das zu verheimlichen.

„Wer sagt das?"
- Ich.
- Das hast du doch gerade gehört.
- Es genügt, daß ich das sage.
- Muß ich mich dauernd wiederholen?
- Such dir's aus!
- Wozu willst du das wissen?
- Du sicher nicht, denn du hast keine Ahnung.

„Warum haben Sie mir das nicht vorher gesagt? Haben Sie das nicht gewußt?"
- Seien Sie ehrlich: Hätten Sie mir zugehört?
- Warum haben Sie nicht gefragt?
- Information ist auch eine Holschuld.
- Wieso haben Sie es nicht gewußt?
- Vorher selber fragen ist auch eine Möglichkeit.
- Weil keiner es für nötig befunden hat, es mir mitzuteilen.
- Sie haben nicht gefragt.

„Du läßt mir keine Chance!"
- Nimm sie dir doch einfach!
- Denkst du, du verdienst eine?
- Du hattest schon so viele.
- Wie viele willst du denn noch haben?
- Jede, die du willst! Welche hättest du denn gerne!
- Da hast du's aber schwer mit mir, gell?
- Falls das ein Appell an meine Fairneß sein soll – Vergiß es! Ich bin nicht fair!
- Warum sollte ich?
- Ist auch nicht meine Absicht.

„Das stimmt ja gar nicht!"
- Willst du damit sagen, daß ich lüge?
- Warum?
- Wer sagt das?
- Doch. Die Wahrheit ist immer einfach.
- Weißt du es besser?
- Das glaubst nur du.
- Wieso?
- Nur ein Narr ist sich vollkommen sicher.
- Glaubst du?
- Beweise es!
- Ich denke doch!
- Ich kann das durchaus belegen, argumentieren, ...
- Du kannst ja den Gegenbeweis antreten.

„Unterbrich mich nicht dauernd!"
- Ab und zu muß ich das, damit wir nicht beide ins Koma fallen! Du aus lauter Begeisterung über dich selber und ich aus lauter Langeweile!
- Sonst komm ich ja nie zu Wort!
- Doch, weil ich meinen Ohren so ein Gefasel nicht zumuten will!
- Wäre nicht notwendig, wenn du nicht ununterbrochen reden würdest!
- Ich muß auf deine Atmung schauen, damit du auch einmal Luft holen kannst!
- Jemand muß ja jetzt etwas Gescheites sagen!
- Sorry, aber den Blödsinn kann ich mir nicht in Ruhe anhören!

Übungsbeispiele

Mit so ziemlich jeder der unten angeführten Phrasen können Sie auch tatsächlich konfrontiert werden. Da Sie mittlerweile zu den Fortgeschrittenen gehören, was clevere Antworten betrifft, dürfen Sie sich auch die Latte schon ein bißchen höher legen – etwa indem Sie sich die Liste der Erfolgskonter vornehmen und versuchen, zu jedem Beispiel Konter in allen angeführten Variationen zu finden. Wenn Sie das schaffen, dann: alle Achtung!

→ *Warum hast du das nicht gemacht?*
→ *Warum hast du mir nichts davon gesagt?*
→ *Warum haben Sie mich nicht informiert?*
→ *Warum schaust du mich jetzt so mit großen Augen an?*
→ *Kannst du nicht endlich auch mal was sagen?!*
→ *Du hörst mir eben nie zu!*
→ *Du widersprichst dir ja selbst.*
→ *Das ist ein „Scheinargument".*
→ *Das ist nur Ihre persönliche Meinung.*
→ *Warum kannst du dir nicht einmal zehn Minuten Zeit für ein Gespräch nehmen?*
→ *Warum weichst du mir ständig aus?*

2.9 Systemerhaltende Killerphrasen: „Das haben wir hier schon immer so gemacht."

Stellen Sie sich doch einmal vor, welche Reaktionen es auslösen würde, wenn Sie sich beim gemeinsamen Essen am Familientisch plötzlich auf einen anderen Platz setzen oder bei der wöchentlichen Teambesprechung den Platz der Leitung einnehmen würden. Eigentlich ist eine andere Sitzordnung nur eine geringfügige Veränderung und dennoch löst sie massive Irritationen aus.

Alle Systeme (Freundschafts- und Partnerschaftsbeziehungen, Familien, Gruppen, Teams, Organisationen etc.) haben die Tendenz, gegenüber Veränderungen beharrlichen Widerstand zu entwickeln. Jede größere Bewegung innerhalb des Systems führt zu Verunsicherung und wird daher vermieden.

Und jetzt kommen Sie und schlagen einfach vor, etwas gänzlich Neues zu wagen oder eine andere Vorgehensweise zu wählen als bisher. Klassische Killerphrasen wie „Das ist schon immer so gemacht worden!", „So wird das nicht funktionieren!", „Was soll denn das bringen!", „Glauben Sie mir, ich kann Ihnen aus Erfahrung sagen, das ist nicht notwendig!" sind häufige Reaktionen.

> ### Standardantworten auf Killerphrasen dieser Art
> → „Wäre es nicht spannend sich zu überlegen, wo Veränderungen sinnvoll wären?"
> → „Also sehen Sie in diesem Bereich keine – absolut keine – Weiterentwicklungsmöglichkeit?"
> → „Ich werte Ihren Einwurf als Versuch, meinen Vorschlag abzuwehren!"

Einwürfe dieser Art werden oft sowohl von denen, die sie aussprechen, als auch von denen, an die sie gerichtet sind, nicht als Killerphrasen wahrgenommen. Dennoch haben sie die Funktion, das Thema Veränderung (also jeden neuen Vorschlag) abzuwehren, und zwar indem sie die Person, die Neuerungen vorschlägt, zum Schweigen bringen.

Das zu erkennen, birgt die Möglichkeit, systemerhaltende Killerphrasen nicht persönlich zu nehmen, sondern als Ausdruck der Beharrungskräfte des Systems zu werten. Das macht es nicht weniger ärgerlich, damit konfrontiert zu werden, und nicht weniger anstrengend, gegen den dadurch ausgedrückten Widerstand anzukämpfen. Aber es macht es einfacher, sich nicht persönlich betroffen zu fühlen.

Reagiert man auf eine systemerhaltende Killerphrase mit einer persönlichen Replik, ist man dieser Killerphrase meist auf den Leim gegangen. Ebensowenig erweisen sich Ausweichmanöver als sinnvoll. In beiden Fällen verlagert sich der Konflikt auf die persönliche Ebene, während das System selbst unangetastet bleibt. Daher empfiehlt es sich, eine sachliche Reaktion zu wählen. Und damit das dahinter liegende Muster der Systemerhaltung, der Angst vor Veränderung zur Sprache zu bringen.

Musterbeispiel

„Aus langjähriger Erfahrung weiß ich, daß das unmöglich ist. Es ist nur Zeitverschwendung!"

- Auf welchen langjährigen Erfahrungen beruht Ihre Ansicht konkret? *(sachliche, persönliche Rückfrage)*
- Laut ... (z.B. Zeitschrift) gibt es da in ... ein interessantes Modell, wo diese Probleme gelöst wurden – das könnte man sich einmal genauer anschauen. *(sachlicher Widerspruch)*
- Wie auch Sie wissen, sind die Rahmenbedingungen andere. *(sachlicher Widerspruch)*
- Also ist in diesem Bereich keine – absolut keine – Weiterentwicklung möglich? *(Zuspitzen des unausgesprochenen Hintergrunds der Killerphrase)*
- Ich sehe es als spannende neue Erfahrung. *(sachliche Zurückweisung)*
- Einst erschien es unmöglich, zum Mond zu fliegen. *(Zurückweisung anhand eines plakativen Beispiels, in dem zusätzlich eine Abwertung steckt, nämlich der Vorwurf, rückschrittlich und altmodisch oder jedenfalls gegenüber neuen Entwicklungen blind zu sein)*
- ... sagte der eine Affe zum anderen und klammerte sich an seinem Baum fest. *(Gegenangriff – stark abwertend)*
- Nichts ist unmöglich – Toyota! *(flapsiger Konter)*
- Unmöglich ist meist eine Frage des Wollens/des Versuches. *(Abwertung und Zuspitzung)*

„Das haben schon andere vor Ihnen versucht ..."
- Was wollen Sie mir damit sagen?
- Andere sind nicht ich!
- Dann liegt es nicht an mir, sondern ...
- Wer? Wo? Wann?
- Wäre es nicht spannend, sich zu überlegen, woran auch alle meine VorgängerInnen gescheitert sind.
- Um so besser, dann können wir ja schon auf ihren Erfahrungen aufbauen.

„Das ist derzeit nicht von Interesse für uns!"
- Das sollte es aber!
- Weil Sie nicht selbst auf diese Idee gekommen sind?
- Ich weiß nicht, ob ich mehr Ihren Optimismus oder aber Ihre Verleugnung der Realität bewundern soll ...
- ... sagten die Saurier und sind daraufhin ausgestorben.
- Was interessiert Sie denn?
- Derzeit nicht – wann denn?
- Wie gut, daß es wenigstens für die Konkurrenz von Interesse ist ...

„Damit sollte sich ein Ausschuß/eine Arbeitsgruppe beschäftigen!"
- Ist die Idee so gut, daß sich damit gleich mehrere Personen beschäftigen müssen?
- Mehrere Leute haben mehr(ere) Ideen, ich gebe folgende Basis vor und erwarte bis ... einen Entschluß.
- Ich freue mich, daß Sie meiner Idee so viel Wert beimessen, daß Sie einen Ausschuß dazu vorschlagen.
- Okay! Wann? Wer sitzt im Ausschuß? Was soll ich vorbereiten?
- Gute Idee! Dann sollten wir gleich als nächsten Schritt darüber spechen, welche Grundlagen wir noch für diesen Ausschuß erarbeiten müssen. Ich würde zunächst vorschlagen ...

„Das (z.B. diese Idee) ist wirklich super. Ja, ja, doch, toll!"
(= durch Anerkennung verhindern, weil dem überschwenglichen Lob keine konkrete Aktion folgt)
- *Was* ist toll?

- Sie widersprechen sich ja – Sie finden alles toll, aber Sie *wollen* eigentlich nichts Tolles!
- Dann tun Sie doch endlich, was ich vorschlage.
- Gut, daß wir da einer Meinung sind.
- Ich warte auf konkrete Aktionen.
- Sie waren wohl auf einem Kommunikationsseminar – nur, ich war auch auf einem. Jetzt wieder zur Sache (meiner Idee)!
- Es freut mich, daß mein Vorschlag Ihre Zustimmung findet. Lassen Sie mich daher weiter ausführen ...

„Diese Idee hatten schon viele vor Ihnen!"
- Das zeigt, daß dieser Ansatz naheliegt.
- Aber jetzt ist der richtige Zeitpunkt dazu.
- Na, ich habe eben daraus gelernt.
- Und Sie haben alle vor mir auch verhindert?
- Sie auch?
- Das stelle ich nicht in Frage. Sie haben offensichtlich verschlafen, daß es mir jetzt um die Realisierung geht.
- Was ihre Qualität nicht mindert.
- Und Sie haben sie bis jetzt noch nicht verstanden?

„Damit werden wir nur Schwierigkeiten kriegen!"
- Es könnte sich aber lohnen!
- Ich gebe Ihnen recht, Veränderungen scheinen manchmal zunächst schwierig.
- Welche Schwierigkeiten erwarten Sie denn konkret?
- Also gehen wir lieber den Weg des Feiglings und kneifen?!
- Na, wenn Sie es sagen.
- Mein Umsetzungskonzept enthält auch die notwendigen begleitenden Maßnahmen!
- Ich verstehe Ihre Befürchtungen. Ich denke aber, wenn ich Ihnen die weiteren Details schildere, werden Ihre Sorgen sich auflösen.

„Sie passen nicht in unser Team!"
- Wem passe ich nicht?
- Schade für das Team.

- Ins Team schon, aber nicht zu Ihnen.
- Ich werde es beweisen.
- Wir werden uns schon zusammenraufen.
- Sie meinen farblich?
- Woraus schließen Sie das?

„Gute Idee, aber derzeit nicht umsetzbar!"
- Herzlichen Dank für Ihre Zustimmung. Lassen Sie uns doch gleich die Realisierungsmöglichkeiten besprechen!
- Was verhindert derzeit eine Umsetzung?
- Was müßten wir anders organisieren, damit sich diese Prognose verändert?
- Und wir setzen uns jetzt ins Eck und warten, ob's auch so bleibt?
- Dann wird es Zeit, daß wir uns mit den Umsetzungsmöglichkeiten beschäftigen.
- Stop! Soeben hat eine neue Zeitphase begonnen.

„Laß mich damit in Ruhe, das läuft eben hier so!"
- Ein Hoch dem Fortschritt!
- Was nicht heißt, daß es richtig war. Es gibt neue Erkenntnisse.
- ... sagte der Neandertaler ...
- He, Freunde, die Erde dreht sich (weiter).
- Die Rahmenbedingungen haben sich verändert.
- Man muß mit der Zeit gehen.
- Manchmal ist es gut, die Dinge, die wir immer „schon so gemacht haben", zu hinterfragen.
- Ein bißchen Flexibilität schadet nicht.
- In zwei Jahren wirst du dasselbe von diesem neuen Konzept behaupten.

„Ich habe Ihnen doch schon gesagt: Das ist eben so!!"
- Ich habe es gehört, aber es hat mich nicht überzeugt.
- Ich höre es gern mehrmals – besonders von Ihnen.
- Alles ist Veränderungen unterworfen!
- Aber mittlerweile haben wir das 21. Jahrhundert.
- Trotz aller neu eingebrachten Gesichtspunkte??
- ... sagte der eine Affe zum anderen und klammerte sich an seinen Baum.

- Auch wenn Sie's noch öfter sagen, es wird dennoch nicht richtiger!
- Wie könnte es anders werden?
- Ich dachte, gerade hier wären Entwicklungen nicht nur möglich, sondern erwünscht.
- Wie bitte – was haben Sie gesagt?
- Und *ich* sage *Ihnen* ...

Übungsbeispiele

Und sagen Sie jetzt bloß nicht, diese Art von Killerphrasen könnte man eben nicht beantworten, oder Sie wären eben nicht schlagfertig, das wäre ja schon immer so gewesen ... Viel Spaß!

→ *Das widerspricht unseren Richtlinien.*
→ *Das dauert doch viel zu lange!*
→ *Das alles ist zwar grundsätzlich richtig, aber einfach nicht auf unsere spezielle Situation anwendbar!*
→ *Wir sind doch bisher ausgezeichnet ohne diese Dinge ausgekommen.*
→ *Das haben wir schon immer so gemacht!*
→ *Reden wir in sechs Monaten noch einmal darüber!*
→ *Wie Sie ja wissen, ...*
→ *Das hatten wir schon!*
→ *Das wächst uns doch nur über den Kopf.*
→ *Diese Idee können Sie gleich wieder vergessen.*
→ *Das läßt sich ohnehin derzeit nicht finanzieren.*
→ *In unserer Branche herrschen andere Bedingungen.*

2.10 Stereotype als Killerphrasen: „Das ist ja wieder mal typisch!"

Besonders in länger andauernden und intensiveren – beruflichen wie privaten – Beziehungen verfestigen sich Bilder, die wir uns von anderen Personen machen, häufig zu Stereotypen und Klischees. Diese werden auch dadurch aufrechterhalten, daß sie immer wieder bestätigt und bekräftigt werden.

Diese Bestätigungen werden oft als Kritik an einer Eigenschaft oder Verhaltensweise formuliert, geben also vor, genau den Umstand zu beanstanden und verändern zu wollen, an dem eigentlich (meist unbewußt) festgehalten wird.

Mit anderen Worten: Vorwürfe, Mißbilligung und Standpauken in Gesprächen dienen häufig dazu, unerwünschtes Verhalten immer wieder heraufzubeschwören und damit eben darauf zu *beharren*.

Wozu der ganze Aufwand? Ähnlich wie im vorhergehenden Kapitel geht es um das Beharrungsvermögen von Systemen – in diesem Fall speziell um jenes von Beziehungsstrukturen. Wenn jemand immer wieder darüber klagt, daß Sie sich nicht verändern, also feststellt, daß alles beim alten bleibt, dann legt dies gleichzeitig nahe, daß dieser Jemand sich ebensowenig verändern muß. Vor allem aber: Auch die Beziehung zwischen Ihnen beiden bleibt, wie sie ist.

Killerphrasen dieser Art sind leicht zu erkennen. Sie enthalten häufig Formulierungen wie „immer", „nie", „schon wieder" etc. oder stellen sehr kategorisch absolute Wahrheiten und Verallgemeinerungen über Personen und Situationen in den Raum.

Standardantworten auf Killerphrasen dieser Art

→ „Ja, jetzt haben wir deine Sichtweise über meine Arbeit gehört. Und jetzt zurück zur Sache."

→ „Danke für das Kompliment."

→ „Woraus schließen Sie das?"

Wenn Sie mit einer Zuweisung – und mit einer dahinter verborgenen Wahrheit – mehr oder weniger gut leben können: Sehen Sie's als Kompliment! Oder nehmen Sie sie zumindest rein sachlich zur Kenntnis! Ihr Gegenüber erwartet von Ihnen schließlich Widerstand oder eine deutlich wahrnehmbare Kränkung. Warum sollten Sie ihm diesen Gefallen tun?

Andererseits: Selbst wenn ein Vorwurf in der aktuellen Situation auf Sie zutreffen sollte, hinterfragen Sie jedenfalls jegliche Verallgemeinerung, damit decken Sie zumindest diesen Mechanismus auf.

Stimmen Sie hingegen mit einer Zuschreibung nicht überein, sollten Sie dies in Ihrer Reaktion auch klären – indem Sie erhellende Fragen stellen, sachlich korrigieren oder aber den Angriff durch eine Übersteigerung lächerlich machen. Lassen Sie sich nicht auf langwierige Erklärungen oder Rechtfertigungen ein!

Wenn Ihnen daran liegt, eine gute (Gesprächs-)Beziehung zu Ihrem Gegenüber herzustellen oder zu erhalten, macht es Sinn, auf die dieser Kategorie von Killerphrasen zugrundeliegende Botschaft zu reagieren – und die Beziehung zwischen Ihrem Gegenüber und Ihnen selbst zur Sprache zu bringen. Das kann deeskalierend wirken, das Gespräch kann danach konstruktiver weitergeführt werden.

Nicht zuletzt: Denken Sie ab und zu daran, daß Vorurteile und Stereotypen aller Art hartnäckig in Köpfen sitzen, in denen sie sich einmal eingenistet haben. Sie sollten sich also darauf einstellen, daß eine hohe Frustrationstoleranz bei diesem Vorhaben recht praktisch ist.

Musterbeispiel

„Das ist wieder typisch für dich!"
- Ja. *(Zustimmung und damit den Angriff ins Leere laufen lassen)*
- Für wen denn sonst?! *(Hinterfragen)*
- Was ist dein Problem damit? *(Sachliche Rückfrage auf die persönliche Ebene oder Rückfrage mit verstecktem Gegenangriff)*
- Danke für das Kompliment. *(Angriff als Kompliment umdeuten)*
- Das macht mich ja so charmant. *(Kontern durch „mißverstehen" des Vorwurfs)*
- Wenn ich nicht typisch wäre, würde dich das nur verwirren! *(Gegenangriff)*
- Typisch meine Großtante kann ich schwer sein … *(Lächerlichmachen des Angriffs)*

- Es gibt eben Typen und Schablonen – ich bin lieber ein Typ! (*Umdeuten des Angriffs mit einem Gegenangriff verbunden*)
- Hättest du gerne, daß ich etwas Untypisches mache? (*Rückfrage und Kontern*)
- Ich freue mich, daß du glaubst, mich schon so gut zu kennen. (*Antwort auf der persönlichen Ebene, Einladung auf der Beziehungsebene weiterzureden*)

„Es ist jedes Mal das gleiche mit dir!"
- Daher kennst du dich schon aus!
- Was ist gleich?
- Es geht dir jedesmal gleich mit mir? (ernsthaft besorgter Unterton)
- Auf mich kann man sich wenigstens verlassen!
- Ist doch schön, daß ich für dich so berechenbar bin.
- Wie soll ich das verstehen?
- Soviel Konsequenz solltest du zu schätzen wissen!

„Natürlich du schon wieder!"
- Ja, ist das nicht toll?!
- Wer denn, wenn nicht ich??
- Sicher, du hast ja dazu keine Meinung.
- Ohne mich läuft eben nichts!
- He, du erkennst mich wieder!
- Ja, ich freue mich auch, dich zu sehen (hören).
- Tja, ich kann einfach nicht von dir lassen!

„Du weißt ja immer alles besser!"
- In diesem Fall schon!
- Nicht immer, aber immer öfter!
- Diese Bürde muß ich wohl tragen.
- Dafür bin ich schon für einen Preis nominiert.
- Das ist mein Schicksal ...
- Und was denkst du zu dem, was ich gesagt habe?

„Darüber kann man mit dir eben nicht diskutieren!"
- Warum kannst *du* mit mir nicht diskutieren?
- Mit „man" brauch ich auch nicht zu diskutieren.
- Ja, weil du selbst keine Ahnung davon hast.
- Du kannst das nicht?!
- Du vielleicht nicht, andere schon!
- Ich kenne „man" nicht und habe deshalb noch keine Gelegenheit gehabt …

„Alle finden aber, daß du so bist!"
- Wer ist „alle"?
- Und was findest du?
- Es gibt auch noch andere Blickwinkel.
- Geniales Argument!
- Na und?!
- Nur tote Fische schwimmen mit dem Strom!
- Was würde das beweisen – mal angenommen, es wäre wirklich so?

„Du kennst dich wohl wieder einmal nicht aus?"
- Und das kannst *du* beurteilen?
- Für dich reicht es allemal!
- Gehen wir die Fakten noch einmal durch – 1., 2., 3.
- Genies kann man nicht begreifen.
- Im Gegenteil, mir wird manches immer klarer – zum Beispiel, daß Gespräche mit dir Zeitverschwendung sind.
- Wie gut, daß du so gescheit bist!
- Du meinst also, ich bin ein Depp?
- Du machst es mir auch nicht gerade leicht!

„Was hast'n heute schon wieder?!"
- Einen begründeten Zorn.
- Mehr Hirn als du!
- Dich vor mir.
- Na, wenn es dir besser damit geht, versuch halt eine Diagnose zu stellen.
- Wer's rausfindet, gewinnt was!
- Einen sensiblen Gesprächspartner?

- Dich am Hals, das reicht mir!
- Siehst du, du hast mir schon wieder nicht zugehört, ich habe es dir gerade erklärt.
- Wieso „schon wieder"?

„Das ist wieder einmal alles nur deine Schuld!"
- Damit kann ich leben.
- Findest du das fair, einfach nur mir die Schuld zu geben und fertig?
- Sowieso – mir kommen gleich die Tränen!
- Oh nein, ich bin für deine Gefühle nicht verantwortlich!
- Das laß ich mir nicht umhängen!
- Klar, das Erdbeben in Japan neulich, das war auch ich! Und du weißt schon, diese Sache mit der Titanic ...

„... schon wieder eines dieser ernsten Gespräche ..."
- That's life.
- Was genau meinst du mit „schon wieder"?
- Wir können es ja humorvoll angehen.
- Für ein lustiges Gespräch müssen wir das Thema wechseln.
- Das ist auch ein ernstes Thema für mich.
- Wie möchtest du denn über dieses Thema reden?
- ... und du lustige Spaßmacherin bist da unschuldig hineingeraten?
- Deswegen magst du mich ja so gerne.

„Mach doch da jetzt nicht schon wieder ein Drama draus!"
- Warum nicht?
- Gedicht wird's halt keines!
- Wohin Verharmlosung führt, sieht man ja an dir!
- Wieso? Hast du Angst, du kannst dann nicht mehr mit mir reden?
- Na gut, dann verfilmen wir die Szene!
- Lustspiel ist's mit dir keines.
- Wieso nicht? Du lieferst Stoff genug.
- Im Moment empfinde ich so, laß mir Zeit, es aus deiner Sicht zu betrachten.
- Ganz im Gegenteil, ich bereite schon längst den letzten Akt vor.

„Das hätte ich von dir nicht gedacht!"
- Tja, ich bin eben vielseitig.
- Schade, daß du so phantasielos bist.
- Wie ist das, gedankenlos zu sein?
- Stille Wasser sind tief!
- Siehst du, da hast du wieder was dazugelernt.
- Man lernt nie aus!
- Da staunst du, was?

„Kannst du das wenigstens ab und zu auch weniger hysterisch sagen?!"
- Gefühllos geboren und nichts dazu gelernt! Armes Schwein.
- Nein. Ich habe Gefühle und stehe dazu.
- Bist du die lebende Reinkarnation der Rationalität?
- Haste Probleme damit?
- Ach, immer dieselben Klischees von den „hysterischen Weibern" ...
- Können schon, aber wollen ...
- Warum sagst du das jetzt? Willst du vom Inhalt ablenken?

„Du kommst immer mit denselben Argumenten!"
- Du hast sie immer noch nicht kapiert.
- Anscheinend muß ich sie ja immer wiederholen.
- Du hast sie ja noch nicht entkräftet.
- Wenn du diese Grundlagen verstanden hast, gehe ich weiter.
- Sie sind mir besonders wichtig.
- Du hast kein besonderes Gespür für Nuancen!
- Wenn du mir andauernd dieselben Fragen stellst ...
- Das sind auch die wichtigsten.

„Mach doch nicht schon wieder so ein unfreundliches Gesicht!"
- Hättest du gerne, daß ich grinse wie ein Zirkuspferd?
- Oh, vor fünf Minuten war ich noch der reinste Sonnenschein, aber ich glaube, dann bist du gekommen.
- Das ist eine Erbkrankheit.
- Ich bin ja keine Stewardess, für die Lächeln zum Job gehört.

- Du hättest also gerne, daß ich mich dir gegenüber verstelle.
- Kauf dir einen Blumenstock, der macht vielleicht ein freundlicheres Gesicht!
- Bin ich dein Schoßtierchen!
- Mein Gesicht ist halt der Spiegel meiner Seele.
- Wie kommst du eigentlich drauf, daß ich grade unfreundlich dreinschaue?

Übungsbeispiele

Wir sollen Sie also schon wieder dazu ermuntern, sich wenigstens ein paar Antworten auf die folgenden Killerphrasen einfallen zu lassen. Können Sie denn nicht ein bißchen selbständiger werden? Was – jetzt fühlen Sie sich auch noch ungerecht und unhöflich behandelt? Na, das ist ja wieder einmal typisch!!

→ *Ich weiß doch ohnehin schon lange, wie du bist.*
→ *Es ist immer das gleiche mit dir!*
→ *Sei doch nicht immer so ungeduldig!*
→ *Mensch, auf dich muß man ja immer ewig warten!*
→ *Irgendwie hab ich gehofft, daß du wenigstens ein einziges Mal pünktlich sein könntest.*
→ *Das nimmt Ihnen doch niemand ab!*
→ *Schon wieder die gleiche Leier!*
→ *Das ist wieder einmal typisch für Sie.*
→ *Das trau ich Ihnen nie und nimmer zu!*
→ *Du mußt ja nicht immer von dir auf andere schließen!*
→ *Sei doch nicht schon wieder beleidigt!*
→ *Nehmen Sie sich doch nicht immer alles so zu Herzen.*
→ *Sei du nicht so unverschämt!*
→ *Können Sie auch so gut einstecken wie austeilen?*

3. Strategische Überlegungen zum Abschluß

Sie hatten jetzt ein ganzes Buch lang Gelegenheit, sich mit theoretischen Überlegungen zum Thema „Killerphrasen" im speziellen und Angriffen im allgemeinen und den möglichen Reaktionen darauf auseinanderzusetzen. Und auch Ihre Schlagfertigkeit zu trainieren, mehr, schnellere und auch „cleverere" Erwiderungen darauf zu finden – eben gekonnt zu kontern.

Das alleine ist schon eine ganze Menge, finden wir.

Mehr als eine ganze Menge können Sie für sich gewinnen, wenn Sie die praktische Anwendung zudem in strategische Überlegungen einbetten – d.h. mit welchem Ziel, gegenüber welchen Personen und unter welchen Rahmenbedingungen Sie eine Technik einsetzen wollen.

Wir beschäftigen uns als Trainerinnen wie als Autorinnen mit Strategischer Kommunikation. Strategische Kommunikation heißt für uns, immer als ersten Schritt ein Ziel zu definieren: Was wollen Sie überhaupt? Was sind die einzelnen Schritte in die richtige Richtung?

Und was können Sie in einer konkreten Situation tun, um zu verhindern, daß unbedachte Reaktionen Ihre längerfristigen Ziele behindern, sondern im Gegenteil sicherstellen, daß auch in diesem Fall die Richtung stimmt?

Erst wenn Sie Klarheit über Ihre Ziele haben, können Sie konkrete Strategien und Taktiken festlegen – so daß diese Ihrem Ziel am besten dienen.

Die erste Überlegung sollten Sie sich selbst widmen. Sie haben in diesem Buch unterschiedliche Umgangsmöglichkeiten mit Angriffen gelernt. Welche davon liegen Ihnen, welche gehen Ihnen leicht von den Lippen, welche machen Ihnen Spaß, welche erscheinen Ihnen ganz persönlich am sinnvollsten?

Nehmen wir einmal an, Sie sind dafür bekannt, daß Sie stets ruhig und gelassen sind. Eine laute Bemerkung, die gerade von Ihnen kommt, wird ungleich mehr Gewicht haben, als wenn einer der üblichen Schreihälse sie vom Stapel läßt.

Auch lädt die Rolle der sachlichen, feinen „Dame" mit Sicherheit nicht ein, plötzlich untergriffig zu kontern, sondern legt ein Repertoire von sachlich-distanzierten bis leise-ironischen Reaktionen nahe.

Wenn Sie dazu neigen, schnell loszupoltern, können Sie andererseits Ihre Gegner verunsichern, wenn Sie in manchen Situationen distanzierter reagieren oder hintergründigen Sarkasmus an den Tag legen.

Als weiteren Schritt sollten Sie sich Gedanken machen über Ihr Umfeld, damit verbundene Rahmenbedingungen, Normen und Werte, die Rolle und den Stil Ihres Gegenübers und nicht zuletzt die Art der Beziehung, die Sie beide verbindet. Ihre Entscheidung, wo, wann und wie Sie auf Killerphrasen reagieren oder sie offensiv einsetzen wollen, ist von all diesen Faktoren abhängig.

Wir geben ja zu, wenn Sie einmal die Lust am Konter gepackt hat, kann es schwer sein, sich eine schlagfertige Antwort zu verkneifen. Trotzdem sollten Sie das manchmal versuchen, denn eine spöttische Bemerkung im falschen Augenblick kann zum Bumerang werden.

Einer Killerphrase zu begegnen, indem Sie Ihren Vorgesetzten lächerlich machen, wird vielleicht durch das Gelächter des „Publikums" belohnt, kann aber die Beziehung zu diesem Vorgesetzten dauerhaft beeinträchtigen. Es liegt an Ihnen zu entscheiden, ob Sie sich das leisten können – und wollen –, oder ob Sie sich zu einer sachlich-neutralen Reaktion entschließen.

Auf der anderen Seite kann das Kontern im Kollegenkreis eine sinnvolle Reaktion sein, wenn es üblich ist, zuerst öffentlich Kräfte zu messen, ehe man sich kollegial zu einer Zusammenarbeit entschließt.

Dieser Kollege wird auf Ihr Kontern wahrscheinlich mit einem Lachen oder Augenzwinkern reagieren. Eine sachlich-neutrale Reaktion würde Ihnen in diesem Zusammenhang wohl eher den Ruf einer Langweilerin oder eines Spielverderbers einbringen.

Diese Beispiele zeigen, wie sinnvoll es ist, „Clevere Antworten auf dumme Sprüche" auch in einem größeren Zusammenhang zu sehen. Es spielt nicht nur eine Rolle, wie Sie sich in einer speziellen Situation, in der Sie mit einem „dummen Spruch" konfrontiert werden, verhalten möchten, sondern wie Sie längerfristig die Beziehung zu Ihrem Gegenüber gestalten wollen.

Noch ein Hinweis zum Thema Strategie: Wenn Sie sich für eine bestimmte Strategie entscheiden, macht es meist Sinn, die einmal eingeschlagene Richtung konsequent beizubehalten und Abweichungen davon quasi nur als Überraschungseffekte sparsam dosiert und überlegt plaziert einzusetzen.

Für Ihre Entscheidung gibt es keine Patentrezepte, genausowenig wie es Patentrezepte für „Erfolg" gibt. Das Maß für diese Entscheidung können nur Sie selbst sein – schließlich müssen Sie mit den Konsequenzen dieser Wahl leben.

Viel Glück!

3.1 Erfolgskonter

Konter	Vorteile	Nachteile	Wann?
Ignorieren	Technisch einfach, Angriff läuft ins Leere	Emotional schwierig, Unterstellungen bleiben im Raum	Zweier-Gespräch ohne Publikum, aus der stärkeren Position heraus, bei unberechenbarem Gegenüber
Sachliche Richtigstellung, sachliche Zurückweisung	Kühle Distanz, Chance zur Entgegnung	Emotional schwierig, Richtigstellung, Zurückweisung kann untergehen	In sachorientierter Atmosphäre, mit hierarchisch höherstehendem rationalem Gegenüber, wenn Ihr Ziel Kooperation erfordert
Bewußt falsche Interpretation	Keine große emotionale Distanz erforderlich, läßt dem Gegenüber die Chance, das Gesicht zu wahren	Mißverständnisse sind möglich	In emotional aufgeladener Atmosphäre in der Anwesenheit von Publikum, wenn Ihr Ziel Kooperation erfordert
Ebenen-/Themenwechsel	Bestimmung des Gesprächsthemas	Erfordert rasche Reaktion	Wenn Sie ausweichen wollen, das eigene Ziel aber trotzdem sehr klar vor Augen haben
Laszivität	Macht Spaß, für das Gegenüber meist sehr irritierend	Paßt nicht in jeder Situation	Nur aus einer Position der Stärke heraus, vor allem als Reaktion Frau an Mann brauchbar
Rückfragen	Technisch einfach, Zeitgewinn	Reicht manchmal nicht aus, erfordert noch viel Hartnäckigkeit	Fast immer verwendbar
Nebeltaktik	Deeskalierend	Emotional und technisch schwierig	Wenn Ihr Ziel Kooperation erfordert, bei hierarchisch höherstehenden Personen
Aufdecken	Technisch einfach, Zeitgewinn	Erfordert Nachsetzen	Fast immer verwendbar
Kontern, Übertrumpfen, ins Lächerliche ziehen	Emotional lustvoll	Erfordert Schlagfertigkeit, wirkt eskalierend	Schaukämpfe

Die Autorinnen

Antonia Cicero
Fröbelg. 20/1/3-5
A-1160 Wien
Tel.: 0043-1-494 15 70
eMail: antonia.cicero@gmx.at
Geboren 1964 in Mailand/Italien, lebt und arbeitet in Wien.
Trainerin, Beraterin und Fachautorin.
Arbeitsschwerpunkte: Organisations- und Teamentwicklung; Gruppendynamik, Coaching, Supervision; Strategieentwicklung; Szenarien; Wissens- und Informationsmanagement.
Forschungsschwerpunkte: Machtbeziehungen; Unternehmensgründung; geschlechtsspezifisches Verhalten in Kommunikation und Gruppen- und Organisationsdynamik.

Julia Kuderna
Zwölfpfennigg. 3/40/2
A-1100 Wien
Tel.: 0043-1-689 55 76
eMail: julia.kuderna@aon.at
Geboren 1965 in Wien.
Seit 1987 Kommunikationstrainerin, Aufträge im Bereich NPOs und Wirtschaft.
Arbeitsschwerpunkte: Strategische Kommunikation und Rhetorik, Führen und Leiten, Kooperation, Medienarbeit.
Aktueller Forschungsschwerpunkt: Geschlechtsspezifika in Kommunikation und in Gruppen- und Teamdynamik.

Zusammenarbeit in:

Klartext (www.klartext.co.at)
Trainings- und Beratungsunternehmen
in den Bereichen Strategische Kommunikation und Rhetorik, Train-the-Trainer, Übungs- und Designentwicklung, Entwicklung von emotionaler, kommunikativer, kooperativer und Führungskompetenz

Ein paar Kostproben aus dem gemeinsamen Seminarangebot:
→ Kampfrhetorik
→ Strategische Kommunikation
→ Medientraining
→ Verhandlungstechnik
→ Führungskompetenz
→ Strategisches Konfliktmanagement
→ Macht-Spiele

Gemeinsame Publikationen:
→ Art of Speech: Frauen, Sprache, Macht. Wien: Edition Passagen 1997
→ Die Kunst der „Kampfrhetorik". PowerTalking in Aktion. Paderborn: Junfermann Verlag 1999

Notizen

Notizen

Notizen

Notizen

Notizen

Stimmen zum Bestseller:
Die Kunst der „Kampfrhetorik"
von Antonia Cicero und Julia Kuderna

„Rhetorik einmal etwas anders – seit vielen Jahren lehren die Trainerinnen Antonia Cicero und Julia Kuderna in ihren Seminaren die Kunst der Kampfrhetorik. Nun ist ihr Buch zum Thema im Paderborner Junfermann Verlag erschienen. Der Leser findet in dem rund 120 Seiten umfassenden Buch Informationen zu den Grundlagen der Kampfrhetorik, so etwa eine Auseinandersetzung mit »Fairness und anderen Illusionen«. Den Autorinnen gelingt es, die gängigen Mechanismen, nach denen Konfrontationen und Konflikte verlaufen, zu enthüllen. So lernt der Leser, diese Mechanismen zu analysieren, sie privat und beruflich erfolgreich zu nutzen – oder sie auch zu umgehen." – *IQ Magazin*

„Nicht auf den Inhalt kommt es an, sondern der Ton macht die Musik. Ein Großteil der Botschaften im Gespräch wird über Körpersprache, Mimik, Gestik, Tempo oder Stimmlage transportiert, die so genannte nonverbale Kommunikation. Um die Wirkung dieser Parameter steuern zu können, holt das Autorinnenduo sie aus dem Unbewussten hervor und will für die Aussagen hinter den Wörtern sensibilisieren. Anhand von Beispielen und Übungen kann der Leser Schwachstellen in der eigenen Gesprächstaktik feststellen und sich ein Redekonzept überlegen. Auch wer sich schon oft darüber geärgert hat, dass ihm im entscheidenden Augenblick die passende Antwort auf eine spitze Bemerkung fehlt, findet hier einen Fundus von Repliken." – *Berliner Morgenpost*

„Handfestes Redetraining zur Überwältigung von Verbalmachos." – *EMMA*

„Dass Kommunikation zur Durchsetzung von Interessen dient, weisen die Autorinnen praxisnah und an vielen Beispielen nach. Tipps, Übungen und Fallbeispiele verdeutlichen Strategien und Taktiken für die rhetorische Auseinandersetzung mit »Kampfsituationen«. Sie zeigen, wie man rhetorisch Emotionen weckt und wie man mit Regeln und Rollen in der Kommunikation spielt. So bieten sie hochwirksame Handlungsalternativen an, die der Leser für sich weiter entwickeln kann." – *Rasche Nachrichten*

„Kampfrhetorik bietet spannende und unterhaltsame Lektüre, die jedem, der seine Position auch verbal betonen möchte, unentbehrliche Tipps vermittelt. Ausführliche Checklisten helfen, den eigenen Ausgangspunkt zu bestimmen, einzuschätzen und auf diese Weise sicher im Griff zu behalten. Konkrete Übungsvorschläge wecken die Lust auf verbale Auseinandersetzungen, bei denen Sie mit den Mitteln der Kampfrhetorik die anderen dominieren. Die Übungen erfordern wenig Aufwand, sind leicht nachvollziehbar und machen einfach Spaß. Auf diese Weise wird Erfolg durch Kampfrhetorik ein Leichtes." – *acquisa*

„Dieses Buch bietet eine wertungsfreie Darstellung von Strategien und Taktiken für »Kampfsituationen«, d.h. Auseinandersetzungen aller Art wie Verhandlungen oder Konflikte. Damit werden effektive und hochwirksame Handlungsalternativen aufgezeigt, die zur ganz persönlichen Erweiterung der Verhaltens- und Handlungskompetenz genutzt werden können." – *Osttiroler Bote*

„Für alle diejenigen, die die wichtigsten Mechanismen kennenlernen wollen, wie man sich privat, aber auch beruflich erfolgreich durchsetzen kann, ist dieses Buch eine sehr spannende und sehr hilfreiche Lektüre." – *Wirtschaft & Fakten, Online*

Das Haus der Liebe bauen

208 Seiten, kart.
DM 29,80; EUR 15,24
ISBN 3-87387-421-0

Wer die Bücher von Evelyne Maaß und Karsten Ritschl kennt, weiß, daß ihnen die Praxis ein wichtiges Anliegen ist. So ist auch dieses Buch keine Theorie über die Liebe, sondern lädt dazu ein, sich dem Geist der Liebe zu öffnen und die unterschiedlichen Dimensionen dieses Seinszustands zu erfahren. Liebe ist ein Prozeß, ein aktives Handeln, für das man sich täglich neu entscheiden kann. Dieses Buch richtet sich an Menschen, die die Liebe mit Leben erfüllen und sie in Zukunft öfter und intensiver erleben wollen. Mit Hilfe von Übungen, Spielen und Phantasiereisen – allein oder mit dem Partner – wird die Liebe mit allen Sinnen sichtbar, hörbar und fühlbar gemacht. Eine Einladung, die Liebe zu feiern!

Evelyne Maaß ist Diplom-Soziologin, NLP-Lehrtrainerin und Hypnotherapeutin. Gründung und Leitung von Spectrum KommunikationsTraining, Berlin (mit Karsten Ritschl).

Karsten Ritschl, Diplom-Psychologe und NLP-Lehrtrainer, hat zusammen mit Evelyne Maaß bereits mehrere Bücher bei JUNFERMANN veröffentlicht, u.a. den Bestseller „*Teamgeist*" (2. Aufl. 1997).

www.junfermann.de

JUNFERMANN • Postfach 1840 • 33048 Paderborn
eMail: ju@junfermann.de • Tel. 0 52 51/13 44 0 • Fax 0 52 51/13 44 44

Endlich! Neue CDs aus der Erfolgsreihe „Megabrain-Zones"!

High Tech fürs Gehirn
3 neue „Megabrain-Zones"-CDs

Die Revolution der grauen Zellen

Mind-Technologien sind ein Zukunftstrend. Wissenschaftler haben in den letzten Jahren mehr über das menschliche Gehirn herausgefunden als je zuvor. Sie entdeckten, dass das Gehirn mit der richtigen Stimulation ohne Mühe Spitzenleistungen erreichen kann. Michael Hutchison zeigt in diesem Buch die Möglichkeiten, die Techniken und das Veränderungspotential dieser Entwicklung meisterhaft auf. **Die optimale Ergänzung zu diesem Buch sind Hutchisons „Megabrain-Zones"-CDs.**

Neu bei JUNFERMANN:

Kreativ sein, konzentriert arbeiten, Höchstleistungen erzielen – und dann entspannen, gelassen sein, wunderbar schlafen.
Das klingt wie ein nicht zu verwirklichender Wunschtraum, denn Konzentrations- und Schlafstörungen sind bei vielen Menschen an der Tagesordnung. Die „Megabrain-Zones"-CDs von Michael Hutchison enthalten, unter wunderschöner sphärischer Musik verborgen, sehr feine akustische Pulsfrequenzen, wie sie im menschlichen Gehirn jeweils in ganz bestimmten Zuständen im EEG gemessen werden. Diese besonderen Töne stimulieren jeweils die entsprechenden Formen natürlicher Gehirnwellenmuster. Eine Zustandsveränderung durch derartige Resonanz-Stimulation gelingt mühelos! So können Sie sich leicht auf Zustände wie Konzentration, kreative Problemlösung oder erholsamen Schlaf einstellen. Mit etwas Übung wirken diese CDs sehr schnell - auch ohne Kopfhörer.

Nach dem Riesenerfolg der ersten „Megabrain-Zones"-CDs aus der Reihe „Classic Edition" gibt es bei JUNFERMANN jetzt ergänzend eine „New Edition" mit drei neuen CDs zu den Themen:

- Tiefenentspannung + Spitzenleistung
- Volle Konzentration + Kreative Leistung
- ZENtriert sein + Geistiges Wachstum

Verwendung im Auto bitte unbedingt vermeiden!

Michael Hutchison:
Megabrain Power
Buch, kart., 290 Seiten
DM 39,80; EUR 20,35

Michael Hutchison: Megabrain-Zones 1-6, Laufzeit je 60 Minuten
Vol. 1-6 je CD **DM 39,80; EUR 20,35**
Vol. 1-3 und Vol. 4-6 im Package je **DM 99,-; EUR 50,62**
Vol. 1-6 im Package **DM 189,-; EUR 96,64**

HIERMIT BESTELLE ICH

.... Expl. Hutchison, Megabrain-Power

Megabrain-Zones-CDs
Classic Edition   **New Edition**
... Ex. Vol. 1   ... Ex. Vol. 4   ... Ex. Package Vol. 1-3
... Ex. Vol. 2   ... Ex. Vol. 5   ... Ex. Package Vol. 4-6
... Ex. Vol. 3   ... Ex. Vol. 6   ... Ex. Package Vol. 1-6

Name   Straße

PLZ, Ort   Datum, Unterschrift

BESTELLANNAHME:
Junfermann Verlag
Frau Christa Guder
Imadstr. 40 • D-33102 Paderborn
oder **telefonisch** bei Frau Christa Guder
oder Frau Maria Dane: **0 52 51 / 13 44 0**
oder per Fax: **0 52 51 / 13 44 44**
oder per eMail: **cg@junfermann.de**
www.junfermann.de

JUNFERMANN.
Coaching fürs Leben

Wenn der Chef Psychologie studiert ...

120 Seiten, kart.
DM 19,80
ISBN 3-87387-392-3

Dieses Buch bietet die notwendige „Software", um mit Kollegen, Vorgesetzten und Mitarbeitern im beruflichen Alltag richtig umzugehen, Verständnis zu gewinnen, Konflikte zu lösen, gemeinsam erfolgreich zu arbeiten. Anhand der Transaktionsanalyse werden psychologische Systematiken und Hintergründe im zwischenmenschlichen Verhalten transparent und durch Beispiele aus dem beruflichen Alltag für den psychologischen Laien nachvollziehbar gemacht. In kürzester Zeit gewinnt der Leser ein emotionales und intellektuelles Verständnis für sich und andere. Dieses Buch wird damit zu einem wunderbaren Hilfsmittel für erfolgreiche und entspannte zwischenmenschliche Beziehungen – die wesentliche Voraussetzung, um die „Hardware" ans Laufen zu bringen.

Unter dem Titel „Wenn der Chef Psychologie studiert" berichtete das *Manager Magazin* zum Beispiel: „Die in Amerika bereits erprobte Psycho-Methode hilft auf verblüffend einfache Art, auch hochkomplizierte Probleme zu analysieren."

Rainer Schmidt, Jahrgang 1943. Die starke Expansion seines Betriebes brachte ihm als Unternehmer Schwierigkeiten, trotz straffster Organisation und marktführender Produkte. Dies veranlaßte ihn – nach Versuchen mit anderen Methoden –, die Transaktionsanalyse in seinem Betrieb einzusetzen: mit großem Erfolg. Inzwischen ist er selbst ausgebildeter „Transaktionsanalytiker" und leitet Seminare zu diesem Thema.

**JUNFERMANN VERLAG • Postfach 1840
33048 Paderborn • Telefon 0 52 51/13 44 0**